BASEBALL

verständlich gemacht

Thomas D. Cyrol

BASEBALL

verständlich
gemacht

COPRESS
SPORT

Lektorat: Sonja Mildt

Produktion und Layout:
VerlagsService Dr. Helmut Neuberger & Karl Schaumann GmbH

Umschlaggestaltung: Uwe Richter
Titelfoto: action press

Abbildungen Innenteil:
Bongarts: S. 2/3, S. 79
Werek: S. 12/13, 18/19, 23, 25, 64/65, 84/85
Alle übrigen Abbildungen stammen aus dem Archiv des Autors.

Zeichnungen (nach Vorlagen des Autors): Günter Wiesler

Die Deutsche Bibliothek – CIP-Einheitsaufnahme
Cyrol, Thomas D.:
Baseball verständlich gemacht/ Thomas D. Cyrol. –
Aktualisierte Neuaufl. – München:
Copress-Verl., 1996
ISBN 3-7679-0542-6

Gesamtherstellung: Bruckmann, München
Printed in Germany
· ISBN 3-7679-0542-6

Inhalts-
verzeichnis

Vorwort

In Deutschland erfreut sich der Baseball-Sport immer größerer Beliebtheit. Zu Beginn des Jahres 1986 registrierte man in der Bundesrepublik gerade fünfzig Vereine. Heute, im Jahr 1995, sind es schon über 450. Dazu kommen noch Vereine, die noch keinem Landesverband angehören. Der Baseball-Sport erlebt zur Zeit, sowohl in Deutschland als auch in Europa insgesamt, einen ungeheueren Aufschwung.

Baseball oder Softball wird derzeit in Europa in 34 Ländern gespielt. Dem europäischen Baseball-Verband »Confédération Européenne de Baseball« (CEB) gehören ca. 85 000 Mitglieder an. Weltweit spielen ca. 90 Millionen Menschen Baseball und ca. 120 Millionen Softball. Das ergibt insgesamt 210 Millionen Aktive. Vielen ist noch nicht bekannt, daß Baseball damit zu den vier größten Sportarten der Welt gehört. Seit 1988 ist Baseball auch als olympische Disziplin anerkannt, so daß 1992 bei den Olympischen Spielen erstmals Baseball als vollwertige olympische Sportart teilnahm.

Leider steht das Fernsehen bei uns neuen Sportarten nicht allzu aufgeschlossen gegenüber, wenngleich zumindest einige private Sendeanstalten schon über Baseballveranstaltungen berichten. Der Streik der Major League Baseball 1994 in den USA, der fast die gesamte Saison andauerte, war diesbezüglich nicht gerade förderlich. Mein Wunsch und Ziel ist es jedenfalls, den so interessanten Baseball-Sport auch bei uns zu etablieren.

Dieses Buch soll es dem Interessierten ermöglichen, sich die wichtigsten Grundkenntnisse schnell, zuverlässig und ohne großen Aufwand anzueignen. Es begnügt sich deshalb damit, die Techniken und taktischen Grundlagen des Baseball leichtverständlich darzustellen. Außerdem erhält der Leser interessante und ergänzende Hintergrundinformationen. Das Verständnis für die Finessen dieses technisch wie taktisch gleichermaßen anspruchsvollen Spiels kann nur aus der Praxis in einem der inzwischen zahlreichen Vereine erwachsen.

Ich hoffe, daß ich auch Sie für diesen hochinteressanten Sport begeistern kann, der neben sportlichem Vergnügen auch ein Stück vom American way of life bietet. Wer das Spiel verstanden oder sich vielleicht selbst einmal in der Baseball-Praxis versucht hat, der wird auch weitermachen, und vielleicht werden Baseball-Plätze bei uns eines Tages genauso selbstverständlich sein wie die Fußball-Plätze heute.

Das alles ist, so glaube ich, nur eine Frage der Zeit oder, wie es der amerikanische Präsident John F. Kennedy einmal ausdrückte:

»All this will not be finished in the first 100 days. Nor it will be finished in the first 1000 days, nor even perhaps in our lifetime on this planet. But let us begin!«

Thomas D. Cyrol
1. Vorsitzender der
Herten Unicorns e. V.
und Vorsitzender des
Regionalgerichts
BSV-NRW

Baseball –
das Spiel

Was ist Baseball?

Baseball wird gespielt mit einem Ball, Fanghandschuhen und einem keulenförmigen Schläger. Dabei stehen sich zwei Mannschaften, bestehend aus je neun Spielern, gegenüber. Die Schlagmannschaft bildet die Offensive und die Fang- oder Feldmannschaft die Defensive. Jede Mannschaft ist abwechselnd einmal in der Offensive und einmal in der Defensive. Ist jedes Team einmal Schlag- und einmal Feldmannschaft gewesen, so ist eine der insgesamt neun Spielrunden beendet.

Grundsätzlich ist das defensive Team in Ballbesitz. Aufgabe des offensiven Teams ist es, diesen Ballbesitz so lange zu unterbrechen, daß in dieser Zeit bestimmte Ziele, die »Bases«, erlaufen werden können. Die Möglichkeit dazu hat der »Batter« (Schlagmann). Er steht zwischen dem »Pitcher« (Werfer) und dem »Catcher« (Fänger) der defensiven Mannschaft und muß versuchen, den kleinen, schweren Ball, den der Pitcher dem Catcher mit hoher Geschwindigkeit zuwirft, so ins Feld zurück zu schlagen, daß seine Mannschaftskameraden ausreichend Zeit haben, zum nächsten Base zu laufen. Gelingt es einem offensiven Spieler, alle drei Bases zu umlaufen und wieder zum Ausgangspunkt, der »Home plate« zurückzukehren, so erhält seine Mannschaft einen Punkt.

Ziel des Spiels ist es, so viele Punkte wie möglich zu gewinnen. Nur die Offensiv-Mannschaft kann punkten, und das Team, das nach neun Spielrunden die meisten Punkte hat, hat das Spiel gewonnen.

Ziel der defensiven Mannschaft ist es zu verhindern, daß es einem offensiven Spieler gelingt, alle Bases zu umlaufen und zur Home plate zurückzukehren. Zu diesem Zweck muß sie nach dem Schlag so rasch wie möglich wieder in Ballbesitz gelangen, denn ein defensiver Spieler in Ballbesitz kann einen offensiven Spieler aus dem Spiel werfen, »out« machen, solange dieser zwischen zwei Bases unterwegs ist. Solange ein offensiver Spieler eines der Bases berührt, ist er »safe«, also unangreifbar. Ein Spieler, der out gemacht worden ist, scheidet aus der aktuellen Spielsituation aus und begibt sich auf die Spielerbank, bis er wieder am Schlag ist. Grundsätzlich kommt jeder Spieler zum Schlagen. Die Reihenfolge wird von jedem Team vor dem Spiel festgelegt und darf während des Spiels nicht mehr verändert werden.

Die defensive Mannschaft muß versuchen, so schnell wie möglich drei Spieler der offensiven Mannschaft out zu machen, denn damit verliert das offensive Team das Schlagrecht. Nun bildet das bisher offensive Team die Feldmannschaft und das bisher defensive Team die Schlagmannschaft. Die nunmehr defensive Mannschaft versucht jetzt ihrerseits, so schnell wie möglich drei Schlagmänner out zu machen, um das Schlagrecht und die Möglichkeit zu punkten zurückzuerhalten.

Ein offensiver Spieler kann out gemacht werden, indem:
– ein Feldspieler den Ball direkt aus der Luft fängt, bevor dieser Bodenkontakt hatte
– ein Feldspieler in Ballbesitz einen Schlagmann zwischen zwei Laufmalen (Bases) berührt.

Da an einem Laufmal immer nur ein Schlagmann stehen darf, ist der an einem Base stehende Spieler gezwungen, weiter zu laufen, wenn vom vorherigen Laufmal ein anderer Schlagmann nachrückt (Force play). In so einer Situation braucht ein Feldspieler den Schlagmann nicht zu berühren, denn dieser ist out, wenn:
– ein Feldspieler in Ballbesitz das Laufmal (Base) berührt, auf das der Schlagmann zuläuft.

Auch Fehler des Schlagmanns führen zum out. Der Schlagmann ist out nach Erhalt von drei »Strikes« (Strike out). Als

Das Baseball-Spiel ist also aufgebaut um das Duell zwischen Schlagmann und Werfer. Der Werfer wirft dem Schlagmann den Ball sehr schnell und gekonnt zu, um ihm das Schlagen so schwer wie möglich zu machen. Natürlich muß der Werfer in die »Strike zone« werfen, damit der Schlagmann überhaupt eine Chance hat, den Ball zu treffen. Gelingt dem Werfer dies nicht und der Schlagmann schlägt nicht nach dem Ball, so erhält der Werfer einen »Ball«. Als »Ball« wird also ein Wurffehler des Werfers bezeichnet. Hat dieser bei einem Schlagmann vier »Balls«, so darf der Schlagmann ohne zu schlagen zum ersten Laufmal (Base) gehen (Walk). Dann geht das Spiel ganz normal mit dem nächsten Schlagmann weiter.

Die wichtigsten Grundbegriffe

Bevor wir nun die Grundregeln kennenlernen, müssen erst noch die Grundbegriffe erläutert werden.

Average

Der Maßstab,der nach einer Durchschnittsrechnung in irgendeiner Form die Leistung eines Spieler widerspiegelt.

Ball

Jeder Wurf des Pitchers außerhalb der Strike zone, nach dem der Batter nicht geschlagen hat, wird als Ball gewertet. Wirft der Pitcher vier Balls, so darf der Batter zum ersten Base gehen.

Batter

Die Schlagmänner der Offensivmannschaft. Diese werden auch »Hitter« genannt.

Count

Der Count gibt den jeweiligen Stand des Duells zwischen Pitcher und Batter wieder, also die »Balls« und »Strikes«. Dabei wird immer zuerst die Anzahl der »Balls« angegeben und dann die der Strikes. Ein Count von zum Beispiel 3 und

Spieler-Positionen

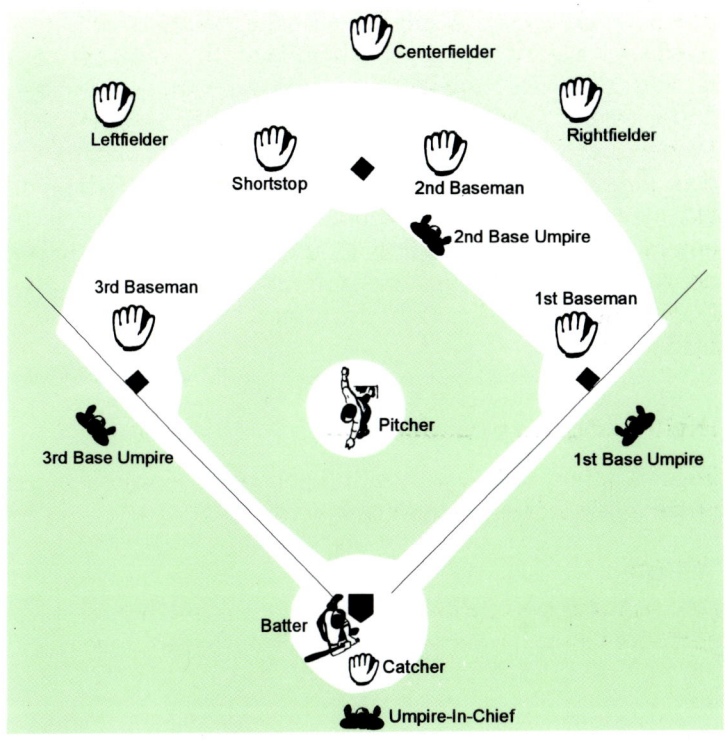

2 bedeutet drei Balls und zwei Strikes. Bei jedem neuen Batter beginnt der Count dann wieder mit 0 und 0.

Cutoff man

Dies ist ein Spieler, der zwischengeschaltet wird, wenn über weite Distanzen geworfen werden muß. In diesem Fall wird diese Strecke meistens in zwei Teile eingeteilt. Das geht erstens schneller, und zweitens erfordert es nicht so viel Wurfkraft. Der Cutoff man stellt sich also zwischen Absender und Empfänger des Balles. Nachdem er vom Absender den Ball empfangen hat, wirft er ihn blitzschnell weiter zum Empfänger.

Double play

Gelingt es den Fieldern, zwei Runner auf einmal out zu machen, so wird dies Double play genannt.

Fielder

Jeder Feldspieler der Defensivmannschaft ist ein Fielder. Nur der Pitcher ist kein Fielder, solange er das Pitcher's plate berührt. Berührt er es nicht, so ist auch er ein Fielder.

Fly ball

Ein Ball, der vom Batter relativ hoch in die Luft geschlagen worden ist.

Force out

Ist ein Runner gezwungen vorzurücken, weil ein anderer Runner nachrückt, und wird er dadurch out gemacht, handelt es sich um ein Force out.

Force play

Sind die Runner gezwungen vorzurücken wie beim Force out, so heißt diese Spielsituation Force play – unabhängig davon, ob ein out erzielt wurde oder nicht.

Foul ball

Ein geschlagener Ball, der im Foul territory landet, sowie jeder Ball, der vor dem ersten oder vor dem dritten Base ins Foul territory rollt.

Foul tip

Ein Ball, der vom Schläger des Batters abspringt und direkt in den Fanghandschuh des Catchers fliegt. Jeder Foul tip zählt als Strike, solange der Catcher den Ball nicht fallen läßt.

Ground ball

Ein über den Boden rollender Ball.

Infield fly

Sind noch keine zwei Spieler der offensiven Mannschaft out und das erste und zweite oder alle Bases besetzt und der Batter schlägt den Ball hoch in die Luft, so daß ihn ein Infielder fangen kann, ist der Batter out, egal, ob der Infielder den Ball gefangen hat oder nicht.

Inning

Ein Inning ist ein Spieldurchgang. Es ist beendet, nachdem jedes Team einmal Feld- und einmal Schlagmannschaft war.

Lead

Als Lead wird die Entfernung bezeichnet, die sich ein Runner von seinem Base in Richtung auf das nächste Base entfernt, um schon einen kleinen Vorsprung zu haben.

Mount

Der Mount ist ein kleiner Hügel, von dem aus der Pitcher wirft.

Out

Ein offensiver Spieler ist out, wenn:
a) der Batter drei Strikes hat (Strike out)
b) ein Fielder den geschlagenen Ball direkt aus der Luft fängt
c) ein Infield fly geschlagen wurde
d) ein Runner zwischen zwei Bases von einem Fielder in Ballbesitz berührt wird
e) bei einem Force play der jeweilige Baseman eher in Ballbesitz ist, als der Runner dieses Base erreichen (berühren) kann (Force out)
f) Ein Interference vorliegt

Pick off

Berührt ein Runner nicht sein Base und wird er von einem Fielder in Ballbesitz berührt, so ist der Runner out. Meistens ergibt sich ein Pick off, wenn sich der Runner schon etwas zum nächsten Base entfernt hat (Lead).

Pitch(ing)

So wird der korrekte Wurf des Pitchers zum Batter genannt.

Pitchout

Wenn der Pitcher absichtlich weit an der Strike zone vorbei-wirft, so daß der Batter nicht nach dem Ball schlägt und der Catcher ein Pick off spielen oder ein Stolen Base verhindern kann. Das Pitchout ist eine taktische Variante, bei der der Pitcher absichtlich vier Balls wirft, um einen guten Batter nicht zum Schlag kommen zu lassen.

Pop fly

Ein Pop fly ist ein nicht sehr weit, aber dafür hoch geschlage-ner Ball.

Run

Ein Run ist ein Punkt, der erzielt wird, wenn ein Runner, nachdem er alle Bases berührt hat, wieder das Home plate erreicht und nicht out ist.

Run down

Dies ist ein Spielzug, bei dem die Fielder versuchen, einen Runner, der zwischen zwei Bases hin und her läuft, out zu machen.

Runner

Jeder Batter bzw. Hitter wird nach seinem Schlag automa-tisch zum Runner, denn dann muß er um die Bases laufen.

Safe

Ist ein Runner nicht out, so ist er safe. Wenn der Runner beispielsweise ein Base erreicht, bevor der dortige Baseman in Ballbesitz ist, so ruft auch der Base umpire »Safe !«

Stolen base

Wenn ein Runner zum nächsten Base vorrückt, ohne daß der Batter geschlagen hat, so ist dies ein Stolen base. Ein

Stolen base ist erlaubt, sobald der Pitcher den Ball im Handschuh hat und das Rubber berührt.

Strike

Ein vom Pitcher geworfener Ball, der durch die Strike zone geht und vom Batter nicht geschlagen oder getroffen wurde. Nach drei Strikes ist der Batter out. Außerdem wird ein Strike gegeben, wenn:

a) der Hitter den Ball nicht trifft oder nicht nach ihm schlägt, obwohl der Ball in der Strike zone war

b) der Batter nach dem Ball schlägt, obwohl der Ball nicht in der Strike zone ist, ihn aber nicht trifft

c) der Ball ins Foul territory geschlagen wird, solange der Batter noch keine zwei Strikes hat. Nach dem zweiten Strike zählt ein solcher Ball als Foul ball.

d) der Hitter nach dem Ball schlagen will und von ihm getroffen wird

e) der Batter von einem Ball getroffen wurde, der die Strike zone passiert hat

f) der Ball vom Schläger direkt in den Fanghandschuh des Catchers fliegt (Foul tip)

Strike out

Hat der Batter drei Strikes, so ist er out.

Strike zone

Die Strike zone ist ein gedachtes Rechteck, in das der Pitcher werfen muß. Sie wird gebildet durch die Breite des Home plates und der Höhe zwischen Knie- und Achselhöhenhöhe des Batters.

Umpire

Der Umpire ist der Schiedsrichter. Umpire-in-chief ist der Chef-Schiedsrichter, der das Spiel leitet.

Walk

Wirft der Pitcher vier Balls, so darf der Batter zum ersten Base. Dies wird auch Walk genannt.

Regeln fürs Batting und Running

- Der Batter muß beim Schlagen mit beiden Beinen in der Batter's box stehen.
- Der Batter muß nach seinem Schlag zum ersten Base laufen.
- Der Batter muß beim Schlagen einen Helm tragen.
- Batter und Runner müssen auf direktem Weg zum nächsten Base laufen. Ein Ausweichen, um ein out durch Berühren zu verhindern, ist verboten.
- Wird der Batter von einem Wurf (Pitch) getroffen, so darf er zum ersten Base gehen (Hit by pitch). Er darf nicht zum ersten Base, wenn er nicht den Versuch unternimmt, dem Ball auszuweichen oder nach diesem schlägt. Wenn er von einem Ball, der durch die Strike zone fliegt, getroffen wird, darf er ebenfalls nicht zum ersten Base.
- Der Batter ist out, wenn er einen Fielder behindert.
- Es darf immer nur ein Runner an jedem Base stehen.
- Der Runner darf solange an einem Base stehenbleiben, bis ein anderer Runner nachrückt (Force play). Läuft also ein anderer Runner auf ein Base zu, auf dem schon ein Runner steht, so muß der Runner auf dem Base zum nächsten Base laufen.
- Alle Bases müssen beim Umlaufen berührt werden.
- Der Runner ist nur solange safe, solange er sein Base berührt hält. Sobald er den Kontakt zum Base löst, kann er out gemacht werden (Pick off/Tagging the runner).
- Ein Foul tip zählt als Strike.
- Ein Foul ball zählt als Strike, solange der Batter noch keine zwei »Outs« hat. Hat er schon zwei Strikes, so bleibt der Count unverändert, und der Batter ist weiter am Schlag.
- Wird der Ball von einem Fielder direkt aus der Luft gefangen und es befinden sich gleichzeitig Runner zwischen zwei Bases, so müssen die Runner schnell zu dem Base zurücklaufen, von dem sie gekommen sind. Die Runner können in diesem Fall ganz normal out gemacht werden.
- Ein Run zählt einen Punkt.
- Ein Home run zählt einen Punkt.

— Der Runner darf zu einem Base zurücklaufen, wenn er merkt, daß er es nicht zum nächsten Base schafft. Voraussetzung dafür ist, daß kein anderer Runner nachrückt (Force play).

— Die Runner dürfen sich nicht gegenseitig überholen.

— Erhält der Batter vier »Balls«, so darf er zum ersten Base gehen (Walk).

— Läßt der Catcher beim dritten Strike den Ball fallen oder fängt er ihn nicht, wird der Batter zum Runner und darf zum ersten Base laufen, sofern nicht schon ein Runner am ersten Base steht. Sind bereits zwei Mitspieler out, darf der Batter auch dann vorrücken, wenn ein Runner am ersten Base steht. Der Batter kann out gemacht werden.

Regeln fürs Pitching

— Der Pitcher darf die Oberfläche des Balles weder anrauhen noch mit irgendwelchen Mitteln behandeln.

— Das Spucken auf den Ball (Spitball) ist verboten.

— Der Pitcher darf lediglich mit der Hand über den Ball reiben.

— Der Pitcher darf nicht in die Hände oder seinen Handschuh spucken.

— Er darf den Ball weder an seinem Trikot noch an seinem Fanghandschuh reiben, sonst wird der anschließend geworfene Ball als »Ball« erklärt.

— Zwei Verstöße des Pitchers haben seinen Ausschluß aus dem Spiel zur Folge.

— Wenn ein Pitcher nach Meinung des Umpires absichtlich versucht, den Batter mit dem Ball zu treffen, erhält er eine Verwarnung und wird im Wiederholungsfall vom Spiel ausgeschlossen.

— Der Pitcher darf nicht absichtlich das Spiel verzögern. Entscheidet der Umpire auf zwei absichtliche Verzögerungen, so ist der Pitcher vom Spiel ausgeschlossen.

— Nachdem der Catcher dem Pitcher den Ball zugeworfen hat und keine Runner an den Bases sind, hat der Pitcher maximal 20 Sekunden Zeit, zum Batter zu werfen.

— Wenn der Pitcher zu schnell hintereinander wirft oder nicht wartet, bis der Batter richtig in der Batter's box steht, entscheidet der Umpire auf »Balk«. Sind die Bases leer, entscheidet der Umpire auf »Ball«. Bei einem »Balk« darf jeder Runner ein Base weitergehen. Ein »Balk« wird außerdem ausgerufen, wenn:

a) der Pitcher den Ball fallen läßt, während er das Pitcher's plate berührt und sich Runner an den Bases befinden

b) der Pitcher absichtlich das Spiel verzögert

c) der Pitcher zum Batter wirft, ohne hinzusehen

d) der Pitcher zu einem Base wirft, ohne vorher einen Schritt in Richtung auf dieses Base gemacht zu haben

e) der Pitcher antäuscht, zum ersten Base zu werfen

f) der Pitcher zu einem Base wirft, an dem kein Runner steht

g) der Pitcher einen Wurf zum Batter andeutet oder irgendeine Art Wurfbewegung macht, ohne auf dem Pitcher's plate zu stehen

h) der Pitcher beim Werfen zum Batter nicht das Pitcher's plate berührt

i) der Pitcher nach dem Wurf zum Batter nicht vollständig zum Stillstand kommt

j) der Pitcher in Pitching-position plötzlich die Hand vom Ball nimmt oder irgend etwas mit dem Ball macht, das nicht dem Spielablauf entspricht.

— Während der Pitcher Zeichen vom Catcher empfängt, muß er das Pitcher's plate berühren.

— Der Pitcher darf nicht überraschend auf das Pitcher's plate springen und den Pitch ausführen.

— Wirft der Pitcher vier »Balls«, so darf der Batter zum ersten Base gehen (Walk).

— Der Pitcher darf einen Wurf zum zweiten oder dritten Base antäuschen, solange dort ein Runner steht.

Regeln fürs Catching und Fielding

— Ein Fielder darf einen Runner nicht behindern, wenn dieser nicht im Begriff ist, den Ball zu fangen.

– Solange ein Runner ein Base berührt hält, kann er nicht out gemacht werden.
– Nachdem der Catcher den Ball gefangen hat, muß er sofort zum Pitcher zurückwerfen.
– Bei einem Pick off muß der Runner berührt werden.
– Wenn kein Force play vorliegt, muß der Runner zwischen den Bases berührt werden, um out gemacht werden zu können.

Allgemeine Regeln

– Ground rule double: Fliegt ein geschlagener Ball in einer Entfernung von weniger als 76 m vom Home plate aus im Fair territory über einen Zaun, in die Tribüne oder die Bepflanzung am Spielfeldrand, so entscheidet der Umpire auf Double. Bei einem Double darf der Batter zum zweiten Base gehen, und alle anderen Runner dürfen zwei Bases weiter vorrücken.
Fliegt dieser Ball jedoch in einer Entfernung von über 76 m über einen Zaun, so entscheidet der Umpire auf Home run. Dieselbe Regel gilt auch für einen vom Batter geschlagenen Ball, der von einem Fielder berührt wird und erst dann über den besagten Zaun oder eine ähnliche Abgrenzung fliegt.
– Infield fly rule: Die Infield fly rule verhindert, daß die Runner in eine Falle gelockt werden. Ein Infielder könnte absichtlich einen Pop fly nicht fangen, damit die Runner durch die Force play Regel gezwungen sind zu laufen. Die Infielder könnten so sehr einfach ein »Double play forceout« machen. Die Infield fly rule tritt in Kraft, wenn der Batter einen Pop fly schlägt, der von einem der Infielder gefangen werden könnte. Außerdem müssen Runner am ersten und zweiten oder an allen Bases stehen, und es dürfen noch keine zwei »Outs« gemacht worden sein. Der Batter ist dabei automatisch out, egal, ob der Infielder nun den Ball fängt oder nicht. Die Runner warten auf ihren Bases ab, was der Infielder macht, und können dann auf eigenes Risiko vorrücken.

Typische Spielsituationen

Situation 1:   = Batter und Runner
                     = Fielder
                     Umpire call = Schiedsrichterentscheidung

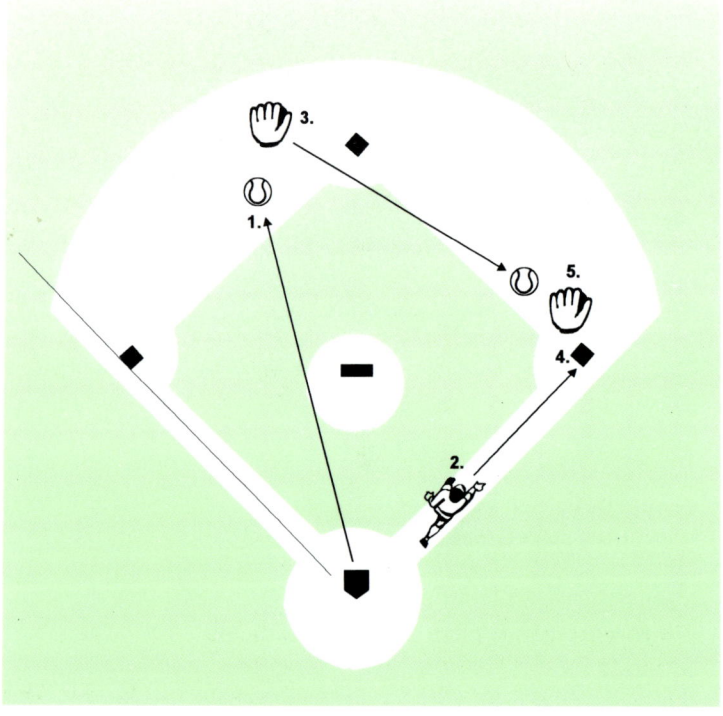

1. Der Batter schlägt den Ball ins Leftfield.
2. Danach läuft der Batter in Richtung erstes Base los.
3. Der Shortstop stoppt den Ball, nimmt ihn auf und wirft ihn zum First Baseman.
4. Der Batter erreicht das erste Base (Base hit).
5. Nun erreicht der Ball den First Baseman.

Umpire call: Der Batter ist safe, da er das erste Base früher berührt hat als der First Baseman mit dem Ball.

Situation 2:

1. Der Batter schlägt den Ball ins Rightfield.
2. Danach sprintet er zum ersten Base los.
3. Der Second Baseman stoppt den Ball und wirft ihn schnell zum First Baseman.
4. Der First Basemann berührt im Ballbesitz das Base.
5. Jetzt erreicht auch der zum Runner gewordene Batter das erste Base.

Umpire call: Der Batter ist out, da der First Baseman mit dem Ball das Base noch vor dem Runner berührt hat.

Situation 3:

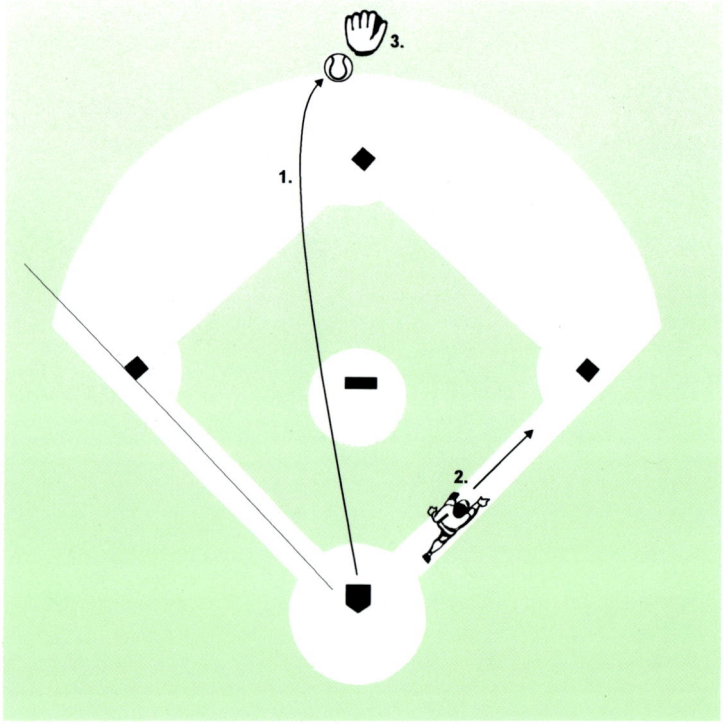

1. Der Batter schlägt einen Fly ball ins Centerfield.
2. Er läuft zum ersten Base los.
3. Der Centerfielder fängt den Ball direkt aus der Luft.

Umpire call: Der Batter ist out, da der Ball direkt aus der Luft gefangen wurde.

Situation 4:

1. Ground ball ins linke Centerfield.
2. Der Batter läuft zum ersten Base, und auch die Runner müssen auf Grund des Force play zum nächsten Base laufen.
3. Der Shortstop nimmt den Ball auf und sieht, daß sich der Runner vom zweiten Base nähert.
4. Der Shortstop stellt sich ihm in den Weg, läßt den Runner herankommen und berührt ihn zwischen zwei Bases.
5. Der Batter und der Runner vom ersten Base erreichen die nächsten Bases.

Umpire call: Der Runner vom zweiten Base ist out, da er zwischen zwei Bases von einem Fielder in Ballbesitz berührt wurde.

Situation 5:

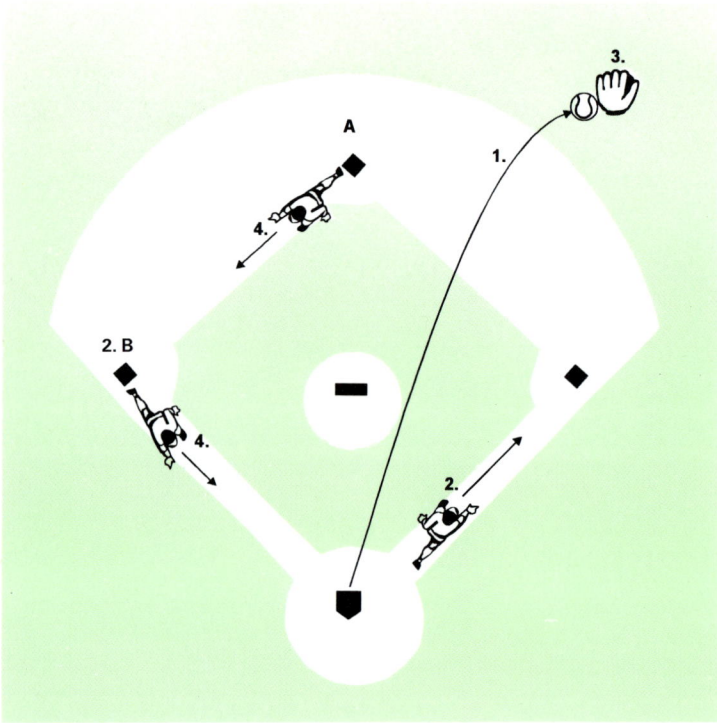

1. Schlag ins Rightfield, Fly ball.
2. Der Batter muß zum ersten Base laufen. Die Runner am zweiten und dritten Base ahnen, daß der Ball direkt aus der Luft gefangen wird und bleiben an ihren Bases stehen.
3. Der Rightfielder fängt den Ball direkt aus der Luft.
4. Erst jetzt laufen die Runner am zweiten und dritten Base zum nächsten Base los.

Umpire call: Der Batter ist out, die Runner A und B sind safe.

Situation 6:

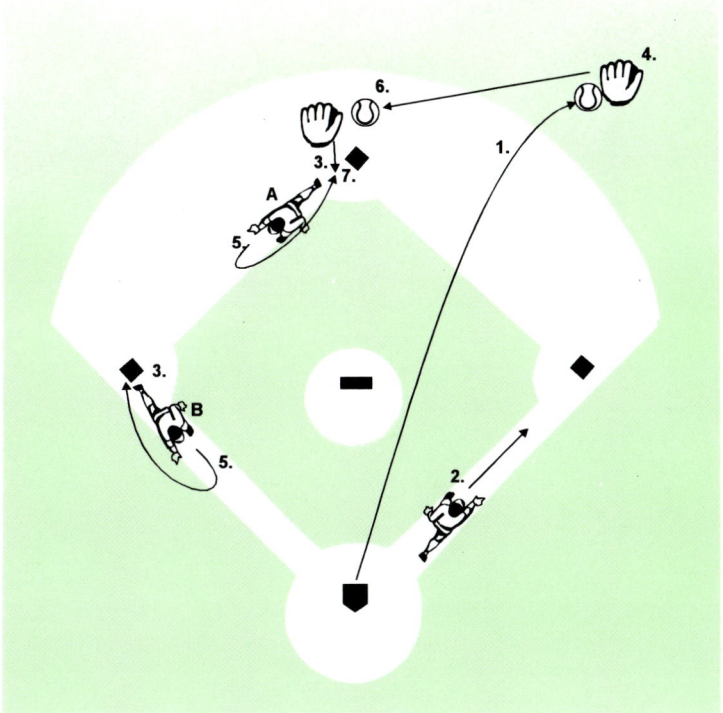

1. Schlag ins Rightfield, Fly ball.
2. Batter läuft zum ersten Base los.
3. Runner A und B starten zum nächsten Base.
4. Der Rightfielder fängt den Ball unerwartet aus der Luft.
5. Die Runner A und B müssen nun schnell zu ihrem Ausgangsbase zurücklaufen, sonst sind sie out.
6. Der Rightfielder wirft zum Second Baseman.
7. Der Second Baseman kann den Runner A noch berühren, bevor dieser wieder zurück am Base ist.

Umpire call: Der Batter ist out und der Runner A ebenfalls, da er zwischen den Bases von einem Fielder in Ballbesitz berührt worden ist.

Situation 7:

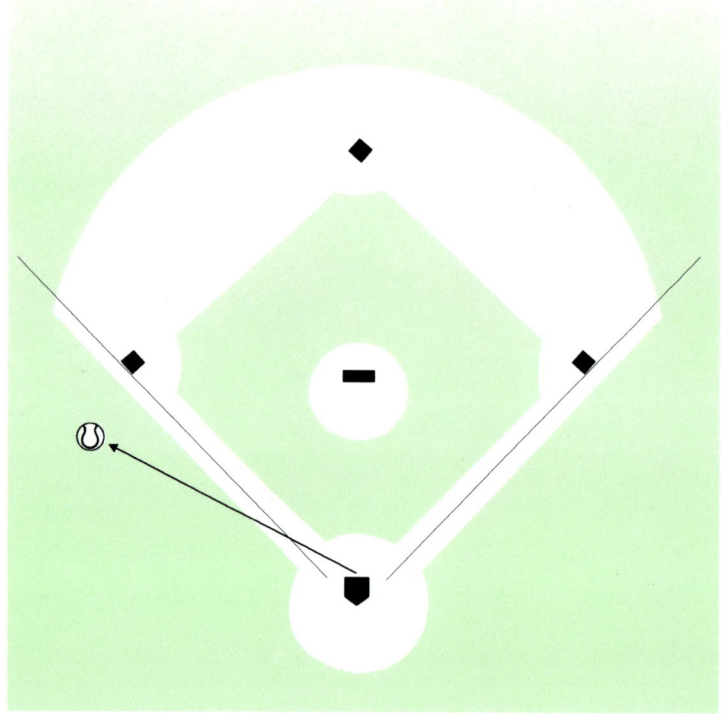

Der Batter schlägt einen Foul ball, der vor dem dritten Base
ins »Aus« fliegt oder rollt.

Möglichkeit 1: Hat der Batter noch keine zwei Strikes, so
zählt dieser Schlag als Strike.
Möglichkeit 2: Hat der Batter schon zwei Strikes, so bleibt
der Count unverändert.
Möglichkeit 3: Ein Fielder fängt den Ball im »Aus« (Foul territory) direkt aus der Luft. Somit wäre der Batter out.

Situation 8:

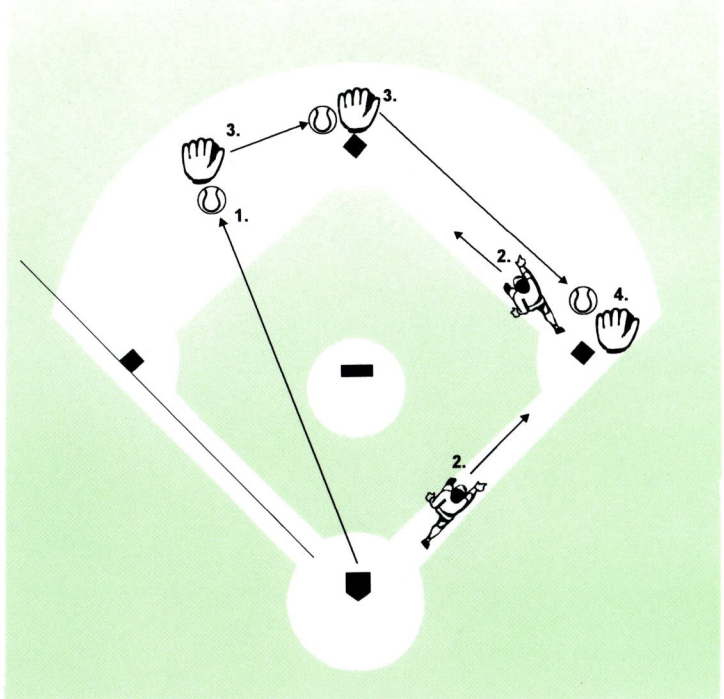

1. Schlag ins Leftfield.
2. Der Batter läuft zum ersten Base los, und der Runner am ersten muß wegen Force play zum zweiten Base laufen.
3. Der Shortstop stoppt den Ball und wirft ihn schnell zum Second Baseman, der das zweite Base berührt, bevor es der Runner erreicht.
4. Der Second Baseman wirft schnell weiter zum First Baseman, der ebenfalls das erste Base berührt, bevor es der Batter erreicht.

Umpire call: Double play! Beide Runner sind out, da beide erst nach dem jeweiligen Baseman das Base berührt haben. Der Runner, der am ersten Base stand, ist einem Force out zum Opfer gefallen.

Situation 9:

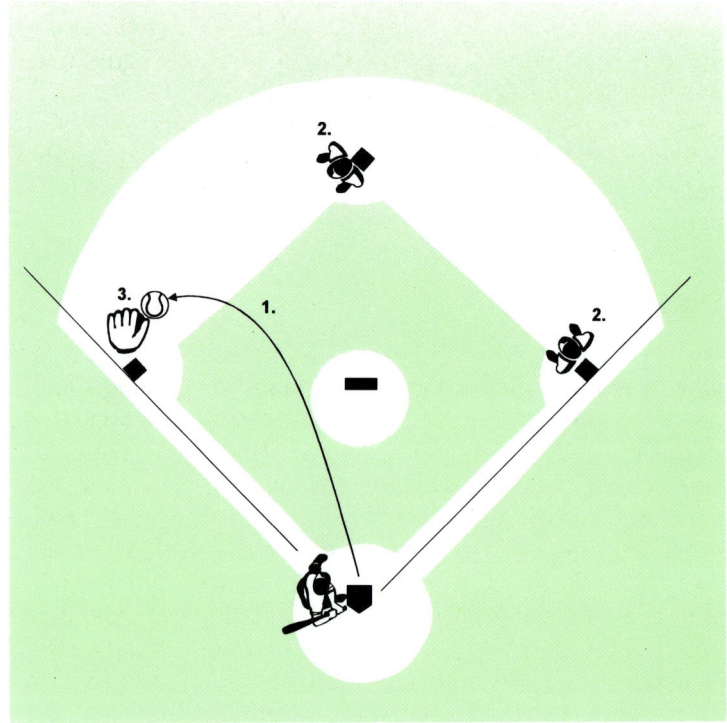

1. Fly ball zum Third Baseman. Da noch keine zwei Spieler der Schlagmannschaft »Outs« und das erste und zweite Base besetzt sind, tritt die Infield fly rule in Kraft.
2. Die Runner bleiben vorerst an ihren Bases stehen wie beim gewöhnlichen Fly ball.
3. Der Third Baseman fängt den Ball aus der Luft.

Umpire call: Infield fly. Der Batter ist automatisch out, egal ob der Ball vom Third Baseman gefangen wird oder nicht. Solange die Runner ihre Bases berührt halten, sind sie safe. Sie können vorrücken, nachdem sie die Aktion des Third Baseman abgewartet haben.

Hier ein kleiner Tip, wie man sich die hier dargestellten Regeln und Spielzüge leichter verdeutlichen kann. Im Anhang ist ein größeres Baseballfeld abgebildet. Es hat sich bewährt, auf diesem Spielfeld alle Positionen mit Spielfiguren beispielsweise aus einem Gesellschaftsspiel zu besetzen. So kann man dann die einzelnen Regeln und Spielzüge durchspielen und demonstrieren. Ich benutze diese Methode auch zur Erklärung der Spielregeln, speziell bei Baseball-Neulingen.

Die Spielzeit

Ein reguläres Baseballspiel geht über neun Innings. Dabei gibt es kein zeitliches Limit. Wie lange ein Inning dauert, hängt von der spielerischen Qualität der beiden Teams ab. In der Regel dauert so ein Spiel zwei bis drei Stunden. Das Spiel endet, sobald der siegbringende Punkt erzielt wurde, auch wenn in diesem letzten Inning noch keine drei Spieler out sind, also noch mehr Punkte erzielt werden könnten. Der Grund liegt darin, daß nur Sieg oder Niederlage, nicht aber die Zahl der Punkte über den Platz in der Liga-Tabelle entscheiden. Steht es am Ende des neunten Innings unentschieden, so werden noch zusätzliche Innings gespielt, und zwar solange, bis am Ende eines Innings ein Team mehr Punkte hat als das andere.

Während etwa ein Fußballspiel bei nahezu allen Witterungsverhältnissen zu Ende geführt wird, ist Baseball ein Schönwettersport. Sollte es vor oder während des Baseballspiels anfangen zu regnen, so entscheidet der Umpire-In-Chief, ob die Wetterlage noch ein reguläres Spiel erlaubt. Da die Fanghandschuhe und Bälle aus Leder sind, saugen sie sich bei Regen sehr schnell voll Wasser. Wird ein Spiel aus Gründen der Witterung abgebrochen, so erhalten die Zuschauer, die ja bereits für das Spiel bezahlt haben, einen sogenannten »Rain Check«, also einen Regengutschein. Dieser Regengutschein gilt dann als Eintrittskarte für die Fortsetzung des abgebrochenen oder die Wiederholung des verschobenen Spiels.

Bei den Spielen um die League- bzw. Worldchampionship werden sogar zwei Spiele am selben Tag unmittelbar hintereinander durchgeführt; das nennt man einen Doubleheeder. Der Grund für einen solchen Baseball-Marathon ist leicht einzusehen, denn der League- bzw. Worldchampion wird in nicht weniger als sieben Spielen zwischen den beiden favorisierten Mannschaften ermittelt. Jedes Team genießt bei einigen Spielen Heimrecht und muß die übrigen auf dem Platz des Gegners bestreiten. Bekanntlich sind die USA sehr groß, und so wäre es wenig sinnvoll, wenn beispielsweise die New York Yankees für nur ein Spiel nach San Franzisko fahren würden. Die Spieler müssen sich ja auch auf die Zeitverschiebung einstellen, die zwischen New York und San Franzisko immerhin vier Stunden beträgt. So bestreitet man gleich zwei Spiele pro Tag, unterbrochen nur durch eine Pause von 20 Minuten.

Solchen Beanspruchungen halten freilich nur austrainierte Profis stand. In den deutschen Ligen nimmt man in dieser Beziehung Rücksicht auf den bescheideneren Leistungsstand der Akteure. So wird normalerweise, wie in der amerikanischen Little League (Jugendliga), nur über sieben Innings gespielt. Dazu kommt noch eine zeitliche Begrenzung auf circa drei Stunden, denn nach dieser Zeit machen sich, besonders beim Pitcher, deutliche Ermüdungserscheinungen bemerkbar, und man ist ja schließlich noch kein Profi.

Das Spielfeld

So gut wie jeder hat wohl schon einmal ein Baseballfeld oder Baseballstadion gesehen und sei es nur im Fernsehen. Ein solches Feld besteht aus dem Infield (Innenfeld) und dem Outfield (Außenfeld). Das Infield ist ein auf einer Ecke stehendes Quadrat mit einer Seitenlänge von 27,45 m. An den Ecken dieses Quadrates sind die Bases (Laufmale) im Boden verankert. Wegen der Bases an jeder Ecke wird das Infield von den Fans auch liebevoll »Diamond« (Diamant) genannt. Das Spielfeld muß auf einer ebenen Fläche aufgebaut werden, damit alle Markierungen, Linien und Bases von jeder

Position aus zu erkennen sind. Der Boden eines Baseballfeldes besteht normalerweise aus kurzgeschnittenem Rasen. In den neuen Stadien ist man jedoch bereits dazu übergegangen, Kunststoffbeläge einzusetzen, wie man sie auch in Turnhallen findet. Nur um das Pitcher's plate und um die Bases werden Sandflächen aufgestreut, um den Spielern das »Sliding«, also das Rutschen an die Bases zu ermöglichen. Die gedachte Linie zwischen der Home plate und dem zweiten Base sollte in Richtung Ostnordost weisen. Damit soll verhindert werden, daß die Spieler genau in die Sonne schauen müssen. Dies ist aus Gründen sowohl der Sicherheit als auch der Fairneß sinnvoll.

Die Spielfeldmaße

Wie bereits erwähnt, wird die Spielfläche innerhalb des Quadrates als Infield bezeichnet. Dieses ist begrenzt durch die »Foul lines«, auch »Base lines« genannt. Das sind praktisch die Seitenauslinien, die sich von der hinteren Ecke des Home platees bis zum ersten und bis zum dritten Base erstrecken. Verlängert man die Foul lines über das erste bzw. über das dritte Base hinaus, so erhält man das Outfield. Infield und Outfield ergeben zusammen das »Fair territory«, also die gesamte Spielfläche. Was außerhalb der erlaubten Spielfläche liegt, bezeichnet man als »Foul territory«. Im Gegensatz zu den in der Regel rechteckigen Spielfeldern anderer Sportarten bildet das Baseballfeld also eine Art nach vorn offenen rechten Winkel.

Die offiziellen Baseballregeln schreiben vor, daß die Entfernung vom Home plate bis zum nächsten Zaun, den Zuschauertribünen oder ähnlichen Barrieren im Fair Territory mindestens 76 m betragen sollte. In der Regel aber sind es vom Home plate bis zum gegenüberliegenden Ende des Outfields um die 122 m. Für die Größe des Outfields existiert kein Limit. Es ist von Stadion zu Stadion verschieden. So hat zum Beispiel das Tiger Stadium in Detroit eine maximale Spielfeldgröße von 135 m.

In einem Radius von 18 m um das Home plate dürfen sich

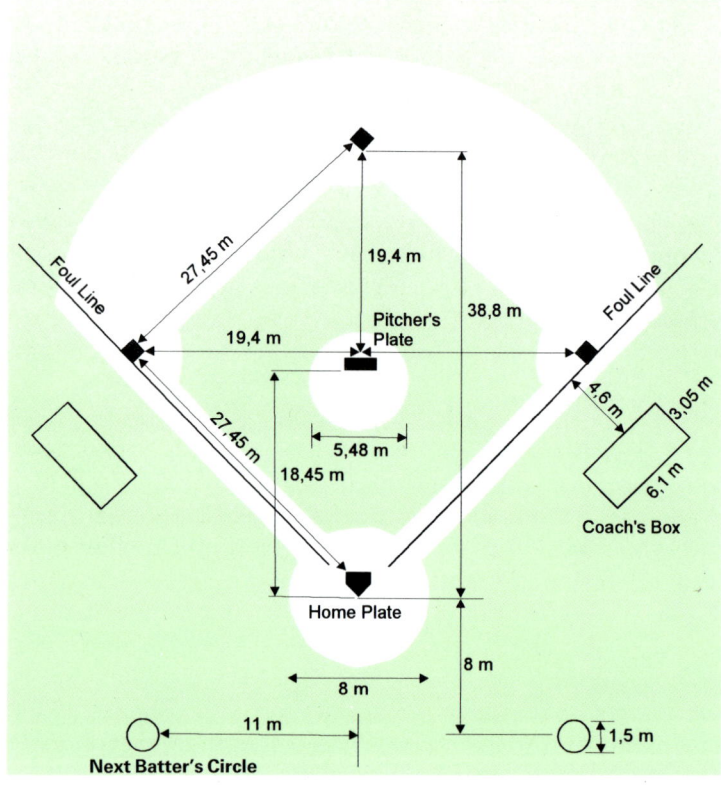

nach allen Richtungen keine Zäune oder ähnliche Hindernisse befinden.

Um ein Baseball-Feld aufzubauen, legt man zunächst den Standort des Home plates und des Pitcher's plates fest. Dann mißt man in der Fortsetzung der Linie zwischen dem Home Plate und dem Pitcher's plate eine Strecke von 38,8 m ab und erhält so den Ort des zweiten Bases. Nunmehr mißt man sowohl vom Home plate als auch vom zweiten Base Strecken von jeweils 27,45 m, die in 45 Grad Winkeln von der zunächst abgemessenen Linie aufeinander zulaufen. Im gemeinsamen Endpunkt dieser Strecken befindet sich vom Home plate aus gesehen rechts das erste Base. Die Lage des dritten Bases ermittelt man auf die gleiche Weise auf der vom Home plate aus gesehen linken Seite.

Um ein offizielles und den Bestimmungen entsprechendes Baseballfeld aufzubauen, wird also eine Fläche von mindestens 94×152 m benötigt. Doch für Amateure und alle anderen, die einfach nur zu ihrem Vergnügen ordentlich Baseball spielen wollen, genügt eine Fläche von 50×100 m. Das ist ungefähr die Größe eines Fußballfeldes, und da es in Deutschland so gut wie keine Baseballfelder gibt, greift man für ein Baseballspiel am besten auch auf eines der zahlreichen Fußballfelder zurück.

Das Home plate

Als Home plate wird eine fünfeckige, weiße Gummiplatte von je 43 cm Länge und Breite bezeichnet, die im Boden verankert ist. Am Home plate beginnt der Batter nach einem erfolgreichen Schlag den Lauf, und dort ist das Ziel eines jeden Runners.

Die Bases

Die Bases sind flache Markierungen von quadratischem Grundriß und stehen, am Boden befestigt, an jeder Ecke des Infields. Da sich an einer Ecke schon das Home plate befindet, gibt es insgesamt drei Bases, die gegen den Uhrzeigersinn erstes, zweites und drittes Base genannt werden. An ihnen kann der Batter nach dem Schlag stehenbleiben und den Schlag des nächsten Batters abwarten. Alle Bases müssen aus einem weißen, weichen Material gefertigt sein. Die Seitenlänge der quadratischen Bases mißt 38 cm und die Höhe variabel zwischen 8 und 12 cm.

Das Pitcher's plate

18,45 m von der hinteren Ecke des Home plates entfernt, befindet sich auf einer gedachten Linie vom Home plate zum zweiten Base das Pitcher's plate. Dieses liegt ca. 25 cm höher als das Home plate auf einem kleinen Hügel, der Mount genannt wird. Der Durchmesser des Hügels beträgt 5,48 m. Das rechteckige, aus Gummi bestehende Pitcher's plate ist auf dem Mount fest verankert. Wichtig ist, daß es sich nicht direkt im Zentrum des Hügels befindet, sondern etwa 45,5 cm in Richtung auf das zweite Base verschoben ist. Nach offiziellen Bestimmungen hat das Pitcher's plate eine Breite von 15 cm und eine Länge von 61 cm. In den Jugendligen benutzt man jedoch auch eine Länge von 41 cm. Während der Pitcher seinen Wurf zum Batter ausübt, muß er das Pitcher's plate berühren, sonst wird der Wurf als Fehler des Pitchers gewertet.

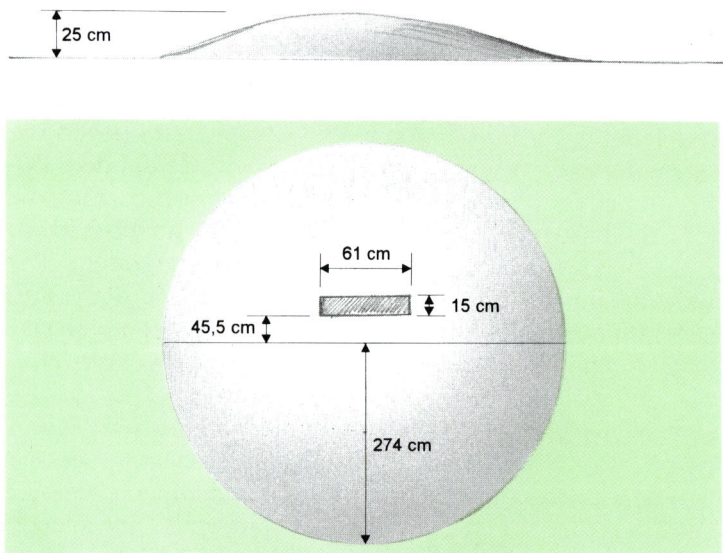

Die Batter's box

Rechts und links neben dem Home plate befindet sich jeweils eine Batter's box. Diese werden in Form von Rechtecken mit Kreide auf dem Boden markiert. Die Länge der Batter's box beträgt 1,83 m und die Breite 1,22 m. Der Batter muß, während er nach dem Ball schlägt, mit beiden Beinen in der Batter's box stehen, sonst ist der Schlag ungültig und zählt als Fehler. Rechtshänder stehen in der Batter's box links neben dem Home plate, Linkshänder in der rechten Batter's box.

Die Catcher's box

Die Catcher's box hat eine Fläche von 2,44×1,29 m und liegt in der Mitte hinter den beiden Batter's boxes. Der Catcher muß in seinem mit Kreide auf dem Boden markierten Raum bleiben. Erst nachdem der Pitcher den Ball geworfen hat – der Ball die Hand verlassen hat –, darf sich der Catcher aus der Catcher's box entfernen.

Die Coach's boxes

Jeweils in der Nähe des ersten und dritten Bases liegen die sogenannten Coach's boxes. In den mit Kreide auf dem Boden markierten Rechtecken steht der First base coach bzw. der Third base coach. Sie helfen den Runnern abzuschätzen, ob sie sich noch ein Base weiter wagen können oder lieber stehenbleiben sollten. Jede Coach's box hat die Maße von 6,1×3,05 m, wobei die lange Seite parallel zur Foul line verläuft.

Die Next batter's box

Die Next batter's boxes sind Kreise mit einem Durchmesser von 1,5 m und befinden sich 8 m hinter und 11 m seitlich vom Home plate. In ihnen wartet, während der Batter in seiner Box am Home plate schlägt, der nächste Batter auf seinen Einsatz.

Das Dugout

Als Dugout werden die Reservebänke bezeichnet. Dort sitzen die nicht aktiven Spieler, aber auch die Coaches und der

Manager. Die Reservebänke liegen etwas tiefer als das Spielfeld und sollten mindestens 7,6 m von den Foul lines entfernt sein.

Der Bullpen

Der Bereich, in dem sich die Reservepitcher warm machen, wird Bullpen genannt. Er liegt gewöhnlich hinter dem Outfieldzaun.

Baseball oder Softball?

Softball ist eine moderne Abwandlung des Baseballsports mit einigen Veränderungen. Beim Softball wird ein wesentlich größerer (Durchmesser = 9,7 cm) und, wie auch der Name sagt, weicherer Ball benutzt. Da man beim richtigen Baseball einen sehr harten Ball verwendet, nennt man Baseball auch Hardball. Doch nicht nur der Ball zeigt deutliche Unterschiede, sondern auch die Spielfeldmaße. Der prinzi-

Infieldmaße beim Baseball

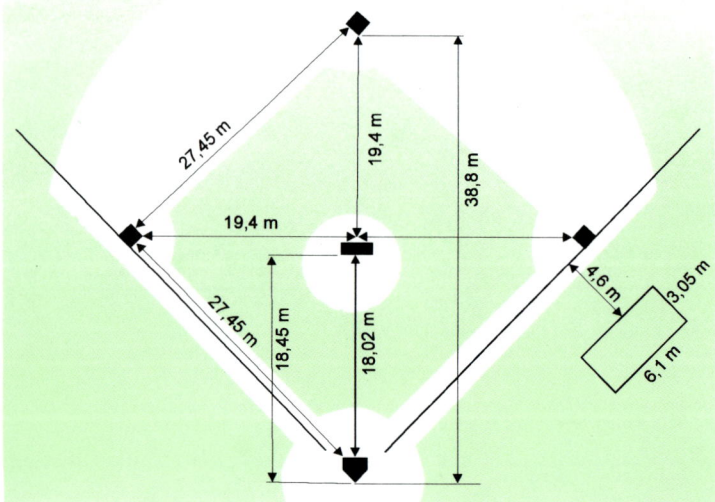

pielle Spielfeldaufbau ist zwar der gleiche, aber ein Softball-feld ist wesentlich kleiner (siehe Skizze). Auch die Wurftechnik des Pitchers ist unterschiedlich. Dieser führt den Arm beim Wurf nicht wie beim Baseball hoch über die Schulter, sondern seitlich unter Schulterhöhe. Die Wurfbewegung ist ähnlich wie beim Kegeln, nur daß der Handrücken erst kurz vor dem Abwurf zum Boden gedreht wird (siehe Bild). Anstatt über neun Innings wird hier nur über sieben Innings gespielt.

Während in der amerikanischen Major League Baseball nur Holzschläger erlaubt sind, werden beim Softball ausschließlich Aluminiumschläger benutzt. In den deutschen Baseball-Ligen darf jedoch auch mit Alu-Schlägern gespielt werden.

Auch beim Softball hat das Duell zwischen Pitcher und Batter keineswegs an Reiz verloren, denn auch hier bedient sich der Pitcher geschickter Wurfarten, um dem Batter das Schlagen so schwer wie möglich zu machen. Während aber Baseball ein reiner Männersport ist, halten sich die weiblichen Mitstreiter gern an das Softballspiel. Das bedeutet jedoch

Infieldmaße beim Softball

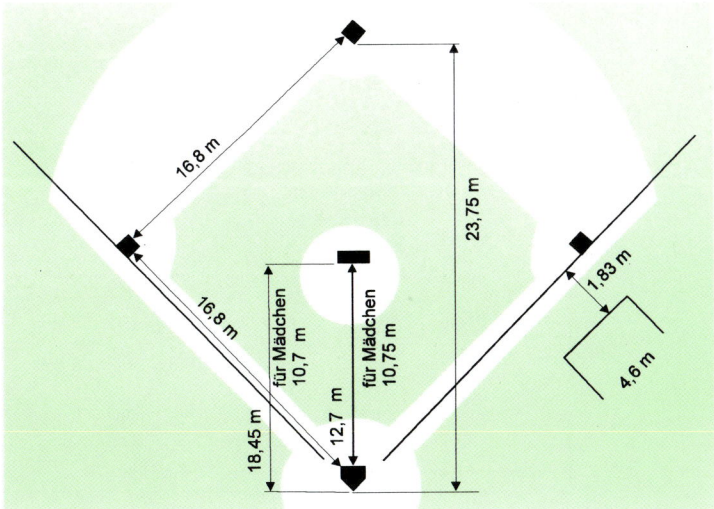

nicht, daß Männer nicht Softball spielen würden. Hier gilt die Regel: »Jeder kann Softball, aber nicht jeder kann Baseball spielen«, und dies aus folgenden Gründen: Beim Softball

— werden nicht so hohe Wurfgeschwindigkeiten erzielt
— ist der Ball größer, also für den Batter leichter zu treffen
— sind die Entfernungen von Base zu Base kleiner, das heißt die Spieler brauchen kein so großes Sprintvermögen
— ist die Entfernung zwischen Home und Pitcher's plate kürzer, das heißt die Spieler brauchen weniger Wurfkraft
— beträgt die Spielzeit nur sieben Innings. Ein Spiel erfordert damit weniger Kondition.

Home-Plate und Batter's-Box beim Baseball

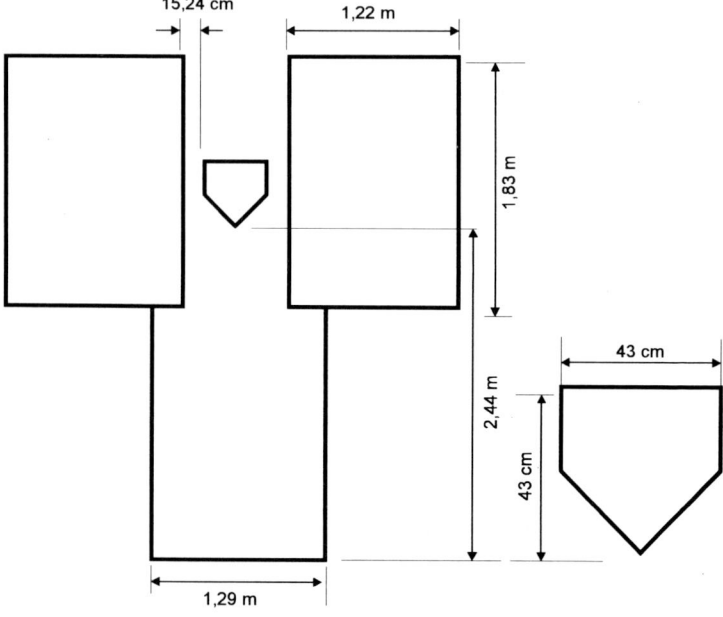

Home-Plate und Batter's-Box beim Softball

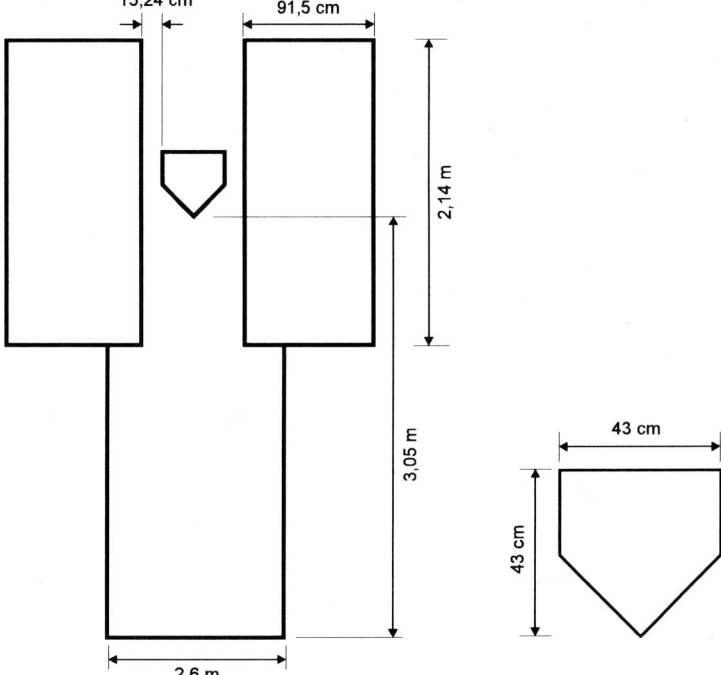

Baseball –
die Ausrüstung

Die Baseball-Schläger

Baseball-Schläger gibt es in zahlreichen Längen und Stärken. Die offiziellen Regeln schreiben jedoch eine maximale Länge von 107 cm und einen maximalen Durchmesser von 7 cm vor. Gewichtsbeschränkungen existieren hierbei nicht. Nicht weniger vielfältig ist das Material, aus dem Baseball-Schläger gefertigt werden. So gibt es Schläger aus Holz, Aluminium und auch schon aus verschiedenen Kunststoff-Komponenten wie Fiberglas, Vectran und Carbon. Diese Kunststoffschläger sind die High-Tech-Produkte unter den Schlägern. In der amerikanischen Major League Baseball sind allerdings nur die klassischen Holzschläger zugelassen. Aluminiumschläger werden ausschließlich beim Softball benutzt. Denn Softball-Schläger dürfen ein Gewicht von 1,09 kg nicht überschreiten, so daß sich die Verwendung dieses Leichtmetalls anbietet.
In den deutschen Baseball-Ligen geht es in dieser Hinsicht weniger streng zu. Hier sind sowohl Holz- als auch Aluminiumschläger erlaubt.
Doch für welchen Schläger entscheidet man sich angesichts dieser Riesenauswahl? Nun, ein Baseball-Schläger sollte sorgfältig auf die Person und deren jeweilige Konstitution abgestimmt sein, und man sollte dabei nicht weniger wählerisch sein als bei der Suche nach der passenden Garderobe. Auch hier gibt es Kindergrößen und Erwachsenengrößen. Die Länge eines Schlägers ist meistens unten am Knauf des Griffes eingeprägt. Das Maßsystem, in dem die Länge angegeben wird, ist das amerikanische Zoll, der Inch (1 Zoll = 1

Schläger, Schlaghandschuhe (Batter's gloves), Helm und Fanghandschuh (Fielder's mitt) – die Grundausstattung eines Baseball-Spielers

Inch = 2,54 cm). So hat beispielsweise ein 33er Schläger die
Länge von 33×2,54 cm = 83,8 cm. Oftmals steht für die 33
Zoll auch nur eine 3 auf dem Knauf oder für 30 Zoll eine 0
usw. Diese Größen entsprechen ungefähr der Durch-
schnittsgröße für Erwachsene.
Ein Schläger sollte gut in der Hand liegen und nach Größe,
Stärke und Gewicht so beschaffen sein, daß er gut kontrol-
lierbar bleibt. Keiner wird dadurch ein besserer Hitter, daß
er einen größeren Schläger nimmt. Wird ein Aluminiumschläger bevorzugt, so kann man diesen wegen des
leichteren Materials auch ein bis zwei Nummern größer
wählen. Andererseits sind Aluminiumschläger gerade wegen des geringeren Gewichts, das ein schnelleres Herumschwingen des Schlägers ermöglicht, so beliebt.
Ich persönlich bevorzuge jedoch einen dazu vom Gewicht
äquivalenten Holzschläger mit einem der Länge angemesse-
nen Gewicht. Dank der größeren Masse erhalten die Schläge mehr Wucht, und der Ball fliegt weiter.

Es ist also nicht empfehlenswert, sich einen Baseball-Schläger irgendwo zu bestellen, ohne diesen vorher gesehen zu haben. Man sollte vielmehr in ein gut sortiertes Sportgeschäft gehen, verschiedene Schläger in die Hand nehmen, zwei- bis dreimal herumschwingen und sich dann entscheiden, welcher davon am besten in der Hand liegt.

Der Ball

Ein offizieller Baseball hat einen Durchmesser von 7,3 cm und ein Gewicht von 149 Gramm. Geringe Abweichungen sind zulässig. Der Baseball besteht aus einem Kern aus Kork, der von zwei Schichten aus verschiedenen Gummiarten umschlossen wird, die ihrerseits in einer Baumwollhülle stekken. Die Oberfläche des Balles besteht aus Lederstücken, die mit festen Nylonfäden von Hand vernäht werden.
Wer schon einmal einen Baseball in der Hand gehalten oder gar einen solchen vor den Kopf bekommen hat, weiß, daß dieser trotz der weichen Bestandteile sehr hart ist.

Die Fanghandschuhe

Die Fang- oder Baseballhandschuhe werden in der Fachsprache als »Mitt(s)« bezeichnet. Sie bestehen normalerweise aus Leder und unterliegen, wie alles beim Baseball, genauen Bestimmungen. Dabei wird unter drei verschiedenen Grundtypen unterschieden:
– dem normalen Fielder's Mitt
– dem First Baseman's Mitt
– dem Catcher's Mitt.
Der normale Fielder's Mitt sieht aus wie ein übergroßer Handschuh. Zwischen Daumen und Zeigefinger befindet sich ein Netz (web) aus dicken Lederstreifen. Diese Netze gibt es in den verschiedensten Ausführungen.
Auch der Pitcher benutzt so einen Handschuh. Nur muß dieser einfarbig, jedoch nicht weiß oder grau sein. Die maximale Breite der vier Finger zusammen ist mit 19,7 cm festgelegt, ebenso die maximale Länge mit 30,5 cm. Auch das

Netz unterliegt genauen Bestimmungen, die man der Einfachheit halber besser aus der zugehörigen Skizze abliest.
Gemäß den Regeln verwendet auch der First Baseman ein besonderes Mitt. Dieses ist vom prinzipiellen Aufbau her mit dem normalen Mitt zu vergleichen. Nur sind hier nicht alle

Mitt

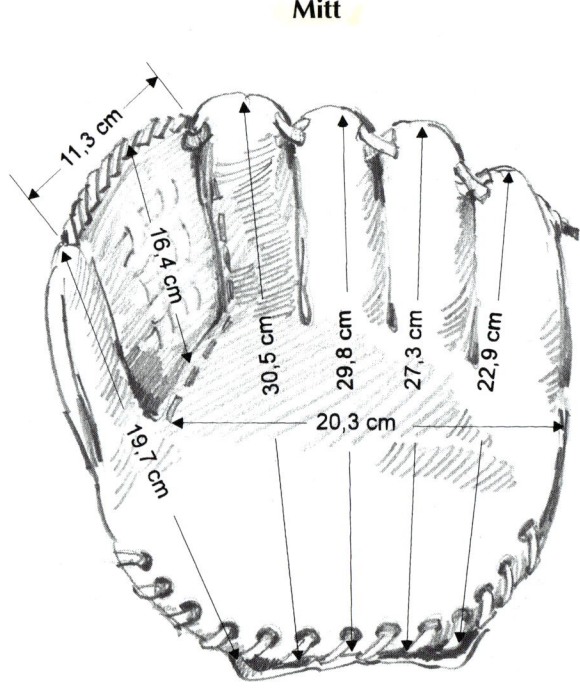

Finger voll ausgearbeitet. Vielmehr bilden die vier Finger außer dem Daumen eine geschlossene Fläche. Die maximal zugelassene Breite beträgt hier 20,3 cm. Alle anderen Maße sind gleich. Nur der First Baseman darf so ein Mitt benutzen. Der Catcher's Mitt ist ähnlich aufgebaut wie der First Baseman's Mitt, nur daß der Fanghandschuh des Catchers beträchtlich stärker gepolstert ist, da dieser die vom Pitcher sehr schnell geworfenen Bälle fangen muß.

Schützer und Helme

Jeder Batter ist aus Sicherheitsgründen verpflichtet, einen Helm zu tragen. Trägt er keinen, so wird er vom Spiel ausgeschlossen und erhält eine Ordnungsstrafe. Die vorgeschriebene Schutzkleidung des Catchers umfaßt außer dem Helm noch eine Gesichtsmaske, einen Bauchschützer sowie Knie- und Schienbeinschützer. Sie ist angesichts der harten Bälle und hohen Geschwindigkeiten unerläßlich.

Der Catcher schützt sich mit Gesichtsmaske, Körperschutz und Schienbeinschützern gegen den scharf geworfenen, harten Ball

Baseball –
die Akteure

Der Manager

Anders als beim Fußball, ist beim Baseball nicht der Trainer
für die Mannschaft verantwortlich, sondern der Manager. Er
legt das Lineup, also die Mannschaftsaufstellung fest, und er
entscheidet auch über Auswechselungen.

Jedes Team muß durch einen Manager vertreten werden.
Dieser kann ein aktiver oder ein passiver Spieler sein. Meistens sind die Manager Ex-Profis, die für den aktiven Sport
zu alt sind. Aber wer ist alt im Baseball? Der Baseball-Sport
kann auch in einem – verglichen etwa mit dem Fußball –
hohen Alter aktiv betrieben werden. So gibt es in der Major
League durchaus noch aktive Spieler über 40.

Die typischen Aufgaben eines Managers sind also :

– das Erstellen des Lineups
– das Erstellen der Batting order
– das Auswechseln des Pitchers
– Pinch hitter und Pinch runner einzusetzen.

Die Coaches

Die Coaches sind die eigentlichen Trainer eines Teams.
Normalerweise hat jede Mannschaft fünf Coaches, nämlich:

– den »Batting coach«, der die Spieler in Sachen Schlagtechnik betreut
– den »Pitching coach«, der die Pitcher trainiert
– den »First-base coach« und den
– »Third base coach«, die in den Coach's-boxes stehen und

den Runnern durch Zurufe helfen abzuschätzen, ob sie sich noch ein Base weiter wagen können.
– den »Bull-pen-coach«, der sich im sogenannten Bull pen hinter dem Outfield-Zaun um die Ersatz-Pitcher kümmert.

Die Umpire

Als »Umpire« werden beim Baseball die Schiedsrichter bezeichnet. Bei jedem Spiel befinden sich vier Umpire auf dem Spielfeld, nämlich der Umpire-in-chief sowie der First-base-, der Second-base – und der Third-base-umpire. Der Umpire-in-chief ist der Chef-Schiedsrichter, der das Spiel leitet. Er wird auch Plate-umpire genannt, da er sich hinter dem Catcher, also hinter dem Home plate, postiert, um über Balls und Strikes zu entscheiden. Außerdem hat er darauf zu achten, ob ein geschlagener Ball im Spielfeld oder im Aus landet (Fair- oder Foul-ball). Vor Spielbeginn müssen die Manager beider Mannschaften dem Umpire-in-chief eine Kopie der Batting order und des Lineups geben, so daß dieser kontrollieren kann, ob die vorher festgelegte Schlagreihenfolge auch eingehalten wird. Der Umpire-in-chief entscheidet über alle Regelverstöße und bestimmt auch, ob und wann ein Spiel aus äußeren Gründen, beispielsweise wegen Regen, zu verschieben oder zu unterbrechen ist.

Die Entscheidung eines Umpires ist unanfechtbar, und er darf von keinem Spieler oder Betreuer handgreiflich bedroht werden. Im Gegebenenfalls hat er das Recht, jedermann vom Spielfeld zu weisen, ob Spieler oder Manager. Im Falle eines Platzverweises wird der Ligapräsident vom Umpire benachrichtigt, und dieser kann Strafen oder Sperren gegen den oder die Sünder verhängen.

Die Feld- oder Base-umpire stehen in der Nähe des ersten und dritten Bases und entscheiden dort über Safe oder Out. Genau wie der Umpire-in-chief achten auch sie darauf, ob die Regeln eingehalten werden. Sie haben jedoch nicht das Recht, ein Spiel abzubrechen oder zu verschieben. In unklaren Situationen ruft der Umpire-in-chief alle Umpire zusammen, beispielsweise wenn zwei Umpire bei ein und derselben Situation verschieden entscheiden. Dem Umpire-in-chief bleibt jedoch die entgültige Entscheidung überlassen. Coaches, Manager und Spieler sind von dieser Beratung natürlich ausgeschlossen.

Der Batter und das Batting

»Allein das Schlagen im Baseball ist das Schwerste, was es im Sport gibt…«, sagte einmal Ted Williams, der größte noch lebende Schlagexperte. Wo sonst wäre mehr an Konzentra-

Umpire-Zeichen

Safe

57

tion, Aufmerksamkeit, Gewandtheit, Schnelligkeit und Fähigkeit, die eigene physische Stärke zu kontrollieren, gefordert als beim Schlagen eines Baseballs. Wie gut ein Batter ist, läßt sich aus Tabellen ablesen, die in jeder amerikanischen Zeitung abgedruckt sind. Je höher der Average (Durchschnitt), desto höher die Trefferquote und desto besser auch der Hitter. Dieser Durchschnitt errechnet sich aus der Anzahl der »At bats« (der Spielsituation, bei der ein Hitter zum Schlagen am Home plate steht) und allen »Hits« einer Saison. Das sind die Schläge, bei denen der Hitter den Ball nicht nur trifft, sondern mindestens das 1. Base sicher

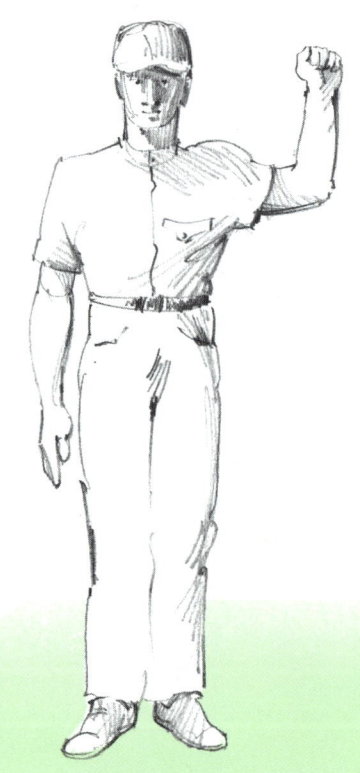

Out/Strike

erreicht. Teilt man nun die Anzahl der Hits durch die der At bats, so erhält man den Average eines Batters.

So hatte etwa Don Mattingly von den New York Yankees 1987 569 At bats und 186 Hits. Sein Average war also 186/569 = 0,327. Das bedeutet, daß er bei 1000 Versuchen 327 mal erfolgreich den Ball geschlagen hat oder bei 10 Versuchen im Durchschnitt 3,27 mal. Dieser Hitter ist sicher nicht besonders gut, könnte ein Laie jetzt denken – aber das Gegenteil ist der Fall: Don Mattingly ist einer der besten Hitter der Major League. Je höher der Average, desto besser ist der Hitter. Ted Williams hatte 1941 einen Average von .406, der

Strike

bis heute unerreicht ist. Im Jahre 1980 erreichte George Brett einen Durchschnitt von .390. Daran läßt sich leicht ablesen, wie schwer es ist, bei professionellem Pitching den Ball erfolgreich zu schlagen. Den über die gesamte Baseball-Laufbahn gesehen höchsten Average eines Profis erreichte Tyrus Ramond Cobb (1886–1961) mit 367. Das ist Weltrekord.

Die Batting order

Die Batting order bestimmt die Schlagreihenfolge, in der die Spieler einer Mannschaft schlagen. Diese Reihenfolge wird

Strike – out

im voraus festgelegt und darf während des Spiels nicht mehr verändert werden. Auswechslungen sind möglich, doch muß der neu eingewechselte Hitter, der auch »Pinch hitter« genannt wird, in Reihenfolge der Batting order die Position des ausgewechselten Hitters einnehmen. Hat ein neues Inning begonnen, so schlägt nicht wieder der erste der Batting order, sondern der Hitter, der nach der Reihenfolge des vorhergehenden Innings am Schlag gewesen wäre.

Die Batting order wird vom Team-Manager aufgestellt. Dieser überreicht dem Umpire-in-chief vor Spielbeginn eine Kopie davon.

Out

Aus taktischen Gründen sollte man sich bei der Aufstellung einer sinnvollen Batting order an folgende Regeln halten: Batter Nr. 1 sollte ein schneller und talentierter Hitter sein, der die Strike zone genau kennt, um am Anfang erst einmal Bewegung ins Spiel zu bringen.

Batter Nr. 2 ist in der Regel ein Batter, der nicht unbedingt weit schlägt, aber relativ sicher trifft, so daß er wenigstens zum ersten Base kommt. Das kann auch in Form von Bunts geschehen. Weiterhin sollte er ein schneller Läufer sein (Contact hitter, Single hitter).

Batter Nr. 3 ist der beste Hitter des Teams, der auch schnell laufen kann (Power hitter).

Out

Batter Nr. 4 soll ebenfalls ein sehr guter Hitter sein, der den Runnern an den Bases zum Punkten verhilft (Clean-up hitter).

Batter Nr. 5 ist, wenn möglich und vorhanden, noch ein Super-Hitter.

Batter Nr. 6 sollte ein stetiger und sicherer Hitter sein (Contact hitter).

Batter Nr. 7 darf ein schwacher Batter sein.

Batter Nr. 8 kann auch ein schwacher Batter sein.

Batter Nr. 9 ist der schwächste Hitter im Team.

Eine weitere taktische Möglichkeit ist der Einsatz eines »Designated hitters«. Dieser schlägt in der Batting order für den Pitcher. Denn meistens sind gute Pitcher genug mit ihrem Pitching beschäftigt und können sich nicht auch noch auf das Schlagen vorbereiten.

Am Home plate

Der Hitter steht so neben dem Home plate, daß er mit dem Schläger bei ausgestreckten Armen die äußerste Ecke des Plates noch erreichen kann. Ein häufiger Fehler ist es jedoch, zu nah am Home base zu stehen. Die Chancen, einen Inside Fastball zu treffen, wäre in diesem Fall verschwindend gering. Wenn es die eigene Schnelligkeit und Gewandtheit erlaubt, sollte sich der Batter innerhalb der Batter's box so postieren, daß er, wenn nötig, einen Schritt zum Home plate hin oder vom Home plate weg machen kann. Dabei steht der Hitter nicht mit dem Rücken zum Catcher, sondern seitlich zu ihm, so daß er, um den Pitcher zu sehen, den Kopf zur Seite drehen muß. Die Beine sind gegrätscht und die Knie leicht gebeugt. Wichtig ist, daß der Batter nicht verkrampft steht, sondern relativ bequem.

Vor dem Schlag muß der Hitter nicht nur auf einen optimalen Stand achten, sondern auch entscheiden, wie er den ausgewählten Schläger greifen will. Es wird grundsätzlich zwischen drei verschiedenen Arten unterschieden. Die Weitenjäger greifen den Schläger so weit wie möglich unten am Knauf, um so das größtmögliche Drehmoment auszunutzen.

Wer eine bessere Kontrolle über den Schläger bevorzugt, läßt zwischen der unteren Hand und dem Knauf etwa zwei bis fünf Zentimeter Platz. Single hitter oder Contact hitter nutzen den Choke up, das heißt sie halten den Baseballschläger sehr weit oberhalb des Knaufes, wodurch er sich sehr viel schneller und leichter kontrollieren läßt.

Die Kriterien, nach denen ein erfolgreicher Batter eine der drei Arten auswählt, sind Balls, Strikes und die eigene Schnelligkeit mit dem Schläger. Bei einem Count von beispielsweise drei und zwei (drei Balls und zwei Strikes) kann ein Choke up in Erwägung gezogen werden, um dem drohenden Strike out vorzubeugen.

Der Schlag

Konzentration ist des Schlüsselwort bei der Vorbereitung auf den Schlag. Körper und Hände des Hitters sollen aber nicht verkrampft sein, sondern möglichst locker. Wenn der Batter seine Hausaufgaben gemacht hat, dann sollte er einiges über den Pitcher wissen. Wie war sein Pitching bisher und wie wird er auf Grund des Counts oder Spielstandes nun pitchen?

Der Baseballschläger wird mit der dominierenden Hand oben, von Rechtshändern rechts bzw. von Linkshändern links neben dem Körper gehalten, so daß der Schläger fast einen rechten Winkel mit dem Boden bildet. Dabei liegt der Unterarm der unteren Hand am Schläger parallel zum Boden. Die Hände am Schläger müssen zusammen und nicht zu nah am Körper gehalten werden, damit man problemlos und schnell den Swing ausführen kann. In dem Augenblick, in dem der Pitcher den Ball abwirft, verlagert der Batter sein Gewicht auf das hintere Bein. Mit dem vorderen Bein kann dann der Stride vollzogen werden, um die Richtung des geschlagenen Balles zu bestimmen. Die meisten Hitter jedoch sind froh, wenn sie den Ball überhaupt treffen.

Der Batter konzentriert sich nun voll auf den Ball. Die Augen dürfen nicht vom Ball weichen, denn oftmals genügt ein Augenzwinkern, um die Konzentration zu stören.

Rein theoretisch sollte der Batter versuchen zu beobachten, wie der Schläger den Ball trifft. Das ist natürlich praktisch nicht möglich, da das menschliche Auge für diese Geschwindigkeiten zu träge ist. Bei der relativ kurzen Entfernung von 18,45 m zum Pitcher und Wurfgeschwindigkeiten von bis zu 160 km/h bleiben dem Batter ca. 4/10 Sekunden Zeit bis zum Schlag. Davon wird allein 1/10 Sekunde benötigt, um den Abwurf des Balles wahrzunehmen. Von da an muß der Hitter in etwa 15/100 bis 20/100 Sekunden entscheiden, ob der Ball geschlagen werden soll bzw. ob der Ball in die Stike zone geht, also ob »Ball« oder »Strike«. Die restliche 1/10 Sekunde bleibt als Reaktionszeit. In dieser Zeit erfolgt der Swing mit ausgestreckten Armen, wobei das Körpergewicht gleichzeitig auf das vordere Bein verlagert wird. Der Kopf wird während des Schlages ruhig gehalten und nicht gedreht, was sehr wichtig ist. Bei perfekter Schlagtechnik sollten Rücken und die untere Hälfte des linken Beines ein L bilden (»L-Prinzip«).

Nach gelungenem Schlag wird der Schläger schnell abgelegt (nicht geworfen), und der Hitter sprintet so schnell wie möglich auf das erste Base zu. Der nunmehr zum Runner gewordene Batter sollte, wenn er an einem Base auf den nächsten Schlag wartet, schon zum nächsten Base loslaufen, kurz bevor der vom Pitcher geworfene Ball den Batter erreicht, also schon kurz vor dem Schlag. Die entsprechenden Fielder werden nun die Bases bewachen, und damit entsteht eine Lücke in der Aufstellung der Defensiv-Mannschaft, da ein Bereich des Infields nicht abgedeckt ist. Der Batter versucht dann in diese Lücke zu schlagen, da dort kein Fielder steht. Diesen Spielzug nennt man Hit and run, obwohl es eigentlich Run and hit heißen müßte. Bei einem Strike oder Ball läuft der Runner wieder schnell zu seinem Base zurück, um nicht einem Pick off zum Opfer zu fallen.

Bunting

Das Bunting ist eine Schlagtechnik, bei der nicht direkt nach dem Ball geschlagen wird, sondern der Batter den Ball ledig-

1

2

Bewegungsablauf beim Schlagen

3

4

lich vom Schläger abspringen läßt, so daß er leicht ins Infield rollt. Möchte der Hitter ein Bunt machen, so löst er sich
aus seiner konventionellen Wartestellung und hält den
Schläger vor dem Home plate parallel über den Boden. Die
dominierende oder obere Hand führt den Schläger zum
Kontakt mit dem Ball und die untere bestimmt die Richtung.
Die Körperhaltung des Batters beim Bunt kann verschieden
sein. Hauptsache ist, daß der Hitter einen Schritt zum Pitcher macht und sich gleichzeitig seitlich dem Home plate
nähert, so daß der Kontakt mit dem Ball vor dem Plate statt-
findet. Dabei darf man dem Ball nicht mit dem Schläger entgegenspringen, sondern muß den Ball zum Schläger kommen lassen. Wichtig ist auch, daß man seine Bunting-Ab-
sicht nicht zu früh preisgibt, damit der Überraschungseffekt
nicht verlorengeht. Als Ziel bei einem Bunt visieren Linkshänder meist die 1st Base Line an und Rechtshänder die 3rd
Base Line. Ein Bunt in Richtung Pitcher ist ebenfalls möglich,
doch darf der Ball nicht zu fest abprallen, damit er nicht
gleich in die Hände eines Infielders gelangt und den Batter
oder Runner out macht.
Der Bunt wird meist von schwächeren Hittern bevorzugt
oder von Single hittern oder Contact hittern, die nur sicher
zum ersten Base gelangen wollen. Der Bunt ist aber auch
eine taktische Variante, wie zum Beispiel ein »Sacrifice
bunt«. Bei einem Sacrifice bunt nimmt der Batter in Kauf,
out gemacht zu werden, ermöglicht es aber den Runnern an
den Bases vorzurücken oder gar zu punkten. Ein Sacrifice
zählt nicht zur At bat-Statistik.

Der Pitcher und das Pitching

Der Pitcher ist jener Feldspieler der Defensivmannschaft,
der dem Catcher den Ball zuwirft. Der Batter versucht diesen
Ball so zu schlagen, daß er wenigstens das erste Base erreicht. Die Aufgabe des Pitchers ist es nun, den Ball so in die
Strike Zone zu werfen, daß der Hitter den Ball nicht trifft.
Dabei stehen ihm verschiedene Wurfarten zur Verfügung,
um das Duell Pitcher-Hitter zu gewinnen. So ist zum Bei-

spiel der »Fastball« ein sehr schnell geworfener Ball, denn je schneller der Ball fliegt, desto weniger Zeit bleibt dem Hitter, den Ball bzw. dessen Flugbahn zu berechnen. Der Nachteil des »Fastballs« ist jedoch seine relativ geradlinige Flugbahn, die sich vom Batter relativ leicht einschätzen läßt. Würde ein Pitcher nur »Fastballs« werfen, so würde ein guter Hitter nur selten den Ball verfehlen, egal wie gut oder schnell dieser war. Damit der Batter sich nicht auf eine Wurfart einstellen kann, variiert der Pitcher die Arten. So gibt es zum Beispiel auch den »Slider«. Dies ist eine Art »Fastball«, der kurz vor dem Home plate von seiner ursprünglichen Flugbahn abdriftet. Diese Kursänderung kostet zwar etwas an Geschwindigkeit, ist zur Täuschung des Batters aber sehr wirksam. Der »Slider« ist vermutlich die beste Wurfart, die es im Baseball gibt, und fast jeder Hitter hat damit seine Probleme.

Der ehemalige Profispieler der Major League Willie Mays meint, daß dieser Wurf für den Batter der härteste sei. Willie Mays ist der fünftbeste rechtshändige Batter aller Zeiten. Er steht in der Tabelle für die meisten Home runs auf Platz drei. Auch Henry Aaron ist der Meinung, daß der »Slider« am schwersten zu schlagen ist. Aaron führt die Home run-Tabelle mit 755 Home runs in seiner Karriere an. Damit gehört er zu den besten Hittern aller Zeiten mit der Fähigkeit, fast jeden Wurf zu meistern.

Das Schöne am »Slider« ist, daß er für den Pitcher leicht erlernbar ist. Bei zwei verschiedenen Wurfarten bleibt dem Batter jedoch immerhin noch eine Chance von 50 Prozent, daß er mit dem richtigen Wurf rechnet. Deshalb sollte ein guter Pitcher mindestens drei Wurfarten beherrschen, denn dann wird der Hitter im Durchschnitt nur noch bei jedem dritten Wurf die Wurfart richtig erraten. Nehmen wir also noch den »Curveball« dazu. Die Eigenart des »Curveball« ist es, daß er eine gekrümmte Flugbahn oder eine Kurve durchläuft. Das erreicht der Pitcher durch das Anschneiden des Balles bzw. durch den »Spin«. Der »Spin« ist die Eigendrehung des Balles, die dessen Flugbahn entscheidend beeinflußt. Durch den »Spin« fliegt der Curveball eine Kurve, drif-

Bewegungsablauf beim Wurf

3

4

73

tet der Slider zur Seite ab, der »Spin« läßt einen Sinker oder Screwball sinken und einen Fastball steigen.

Alle diese Wurfarten sind am effektivsten, wenn der Ball während des Fluges gleichzeitig an Höhe verliert. Der Grund ist recht einfach. Verläuft die Kurve, die ein »Curveball« beschreibt, auf einer horizontalen Ebene, so ist es für den Batter nicht schwer, den Ball einzuschätzen und zu treffen. Sinkt jedoch der Ball plötzlich, muß sich der Batter auch auf die vertikale Ebene konzentrieren. Der Hitter muß in diesem Fall schnell seine Wartestellung korrigieren und den Schläger absenken, um den Ball zu treffen. Eine solche Korrektur aber stellt höchste Ansprüche an die Reflexe und die Gewandtheit des Batters. A und O jeder Wurfart ist also der richtige »Spin«. Die Hälfte aller Pitcher könnten sicherlich nicht erklären, warum ein »Curveball« eine Kurve fliegt und warum es wichtig ist, den Ball quer zu den Nähten zu halten. Dabei ist die Erklärung recht einfach: Der Luftwiderstand eines Balles ist an der unebenen Naht größer als an den glatten Flächen. Rotiert der Ball im Flug, so wird er auf der Seite, auf der sich die Nähte gegen die Flugbahn bewegen, stärker abgebremst, während die Bremswirkung der Luft auf der gegenüberliegenden Seite durch den »Spin« abgeschwächt wird: Der Ball beschreibt eine Kurve nach jener Seite, auf der ihn der spinbedingte Luftwiderstand abbremst. Man kann diesen Vorgang mit einem Kettenfahrzeug vergleichen. Bremst man während der Fahrt z. B. die linke Raupenkette ab, steuert das Fahrzeug nach links.

Je mehr Nähte rotieren und je größer die Rotationsgeschwindigkeit, desto enger die Kurve, die der Ball beschreibt. Das ist physikalisch mit dem Bernoullischen Gesetz zu erklären: Bei steigender Geschwindigkeit sinkt der statische Druck. Für den Baseball bedeutet das, daß dieser in Rotationsrichtung relativ zur Fluggeschwindigkeit »schneller« fliegt – die Luftgeschwindigkeit ist also an der gegen den Fahrtwind drehenden Seite größer als an der mit dem Fahrtwind drehenden, und das bedeutet, daß der statische Druck auf der Seite, gegen die der Ball rotiert, abnimmt. Dieser Effekt läßt den »Curveball« sinken oder eine Kurve fliegen.

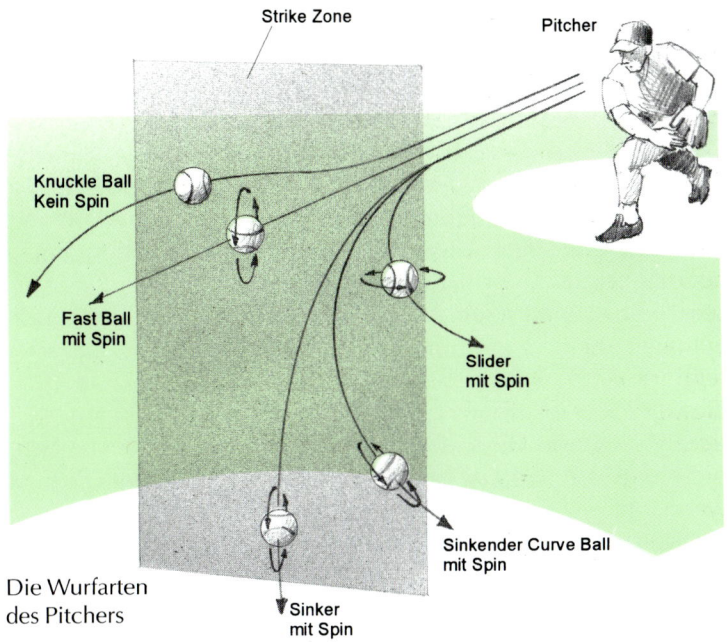

Strike Zone

Pitcher

Knuckle Ball
Kein Spin

Fast Ball
mit Spin

Slider
mit Spin

Sinkender Curve Ball
mit Spin

Die Wurfarten
des Pitchers

Sinker
mit Spin

Das Geheimnis eines erfolgreichen Pitchers liegt also in der Flexibilität. Durch ständiges Ändern der Wurfarten und Geschwindigkeiten soll es dem Batter so schwer wie möglich gemacht werden, den Ball erfolgreich zu schlagen. Ein Batter kann sich so auf keine der Arten einstellen.

Der größte Fehler fast aller Pitcher ist es, daß sie zu wenig über ihre Gegner wissen. Der Pitcher sollte sich in die Lage des Hitters versetzen und genau das Gegenteil dessen tun, was der Batter erwartet. Das erfordert eine rasche Auffassungsgabe hinsichtlich der Spielsituation und äußerste Konzentration. Unter allen Spielern einer Baseballmannschaft braucht der Pitcher die größte physische und mentale Kondition. Positives Denken und Ruhe in allen Situationen ist hierfür eine wichtige Voraussetzung, denn Ärger und aufwallende Emotionen stören die Konzentration. Wichtig ist auch die Zusammenarbeit mit dem Catcher, der dem Pitcher per Zeichen Tips gibt über Wurfart und Ziel.

Jeder Runner nutzt normalerweise den Lead aus, also die Möglichkeit, sich von seinem Base schon etwas in Richtung nächstes Base zu entfernen, um einen kleinen Vorsprung zu gewinnen. Daher hält der Pitcher immer ein Auge auf die Runner, um diese nah an den Bases zu halten. Denn bei einem Pick off ist der Überraschungseffekt entscheidend.

Grundsätzlich unterscheidet man zwischen zwei Arten von Pitchern. Die sogenannten »Starters« sind die Pitcher, die zu Anfang eines Spiels zum Einsatz kommen. Dann gibt es noch die »Relief pitcher«, die ihrerseits eingeteilt werden in die sogenannten »Set ups« und die »Ace reliever«. Die »Set ups« werden meist in der Mitte eines Spiels, also etwa im 4. Inning eingesetzt. Um einen Vorsprung zu verteidigen oder einen größeren Rückstand zu verhindern, also in spielentscheidenden Situationen, kommen die »Ace reliever« ins Spiel.

Warum aber werden die besten Pitcher erst zum Schluß eingesetzt und nicht von Anfang an? Nun, das hängt mit der Kondition eines Pitchers zusammen. Mit der Zeit läßt die Konzentration nach, und es treten Ermüdungserscheinungen auf. So hält man sich die besten Pitcher »frisch« bis zum Spielende. Einem »Relief pitcher« werden in seiner Leistungsstatistik die gewonnenen und die verlorenen Spiele angerechnet. Kann er beispielsweise einen Punktevorsprung halten, so ist er es, der dieses Spiel gewonnen hat. Gelingt dem gegnerischen Team jedoch der Ausgleich oder gar der Sieg, so hat er das Spiel verloren.

Die Wahl des Pitchers und des Zeitpunkts, an dem er zum Einsatz kommt, gehört ebenfalls zu den taktische Aufgaben des Managers. Er kann den Pitcher auf dem Spielfeld jederzeit gegen einen anderen auswechseln.

Aus den in Zeitungen und Magazinen abgedruckten Statistiken oder Tabellen läßt sich der Leistungsstand eines Pitchers ablesen. Der ERA (Erned run average) gibt die durchschnittliche Anzahl der Punkte (Runs) an, die ein Pitcher, auf neun Innings hochgerechnet, an den Gegner verliert. Je kleiner der ERA, desto besser ist der Pitcher. Man errechnet den ERA, indem man die »Erned runs (ER)« durch die Anzahl der

Innings, in denen er geworfen hat, teilt und mit 9 multipliziert. Ein ER (Erned run) ist jeder Run bzw. Punkt, der auch ohne eventuelle Fehler der Defensivmannschaft erzielt wurde. Hatte die Defensivmannschaft jedoch bereits die Möglichkeit, ihr drittes out zu machen, so zählt jeder Punkt der danach erzielt wurde, nicht mehr als »Erned run (ER)«.

Der Catcher und das Catching

Der Catcher hockt hinter dem Home plate in der Catcher's box und fängt die vom Pitcher geworfenen Bälle, die der Batter nicht geschlagen oder getroffen hat. Er ist leicht an der Gesichtsmaske, den Bauch- und Knieschützern sowie an seinem großen Fanghandschuh zu erkennen. Doch trotz der Schutzkleidung muß der Catcher erst einmal die Angst vor dem mit über 100 km/h auf ihn zu rasenden Ball überwinden.

Der Fanghandschuh des Catchers ist besonders dick gepolstert

Ein Catcher zeichnet sich durch seine Wachsamkeit aus und sollte mit der Zeit ein gewisses Gespür für bestimmte Situationen entwickeln. Im Duell Pitcher-Hitter ist er der Partner des Pitchers und bedeutet diesem durch Zeichen, wo und wie er den Ball am besten in die Strike zone befördert. Auch am Home plate, das der Catcher bewacht, entscheiden Bruchteile von Sekunden über Safe oder Out, nur daß hier jeder Runner, der safe ist, gleichzeitig einen Punkt für den Gegner bedeutet. Der Catcher hat also die letzte Chance, einen Punkt der Offensivmannschaft zu verhindern.

Natürlich müssen auch die anderen Infielder der Situation entsprechend reagieren. Baseball ist ein ungemein schnelles Spiel, und deshalb ist es wichtig, daß der Catcher die Infielder gut dirigiert, zum Beispiel rechtzeitig anzeigt, wer wo Cutoff spielen soll. Ständige Bereitschaft ist für ihn unerläßlich, so daß er im Falle eines Stolen base blitzschnell reagieren kann und den richtigen Baseman anspielt. Die Rolle des Catchers für die Mannschaft ist also eine anspruchsvolle und wichtige, denn er muß entscheidend dazu beitragen, das Duell Pitcher-Hitter zu gewinnen und damit womöglich auch das Spiel.

Wichtig für den Catcher ist:

– Jeden Ball fangen, denn jeder nicht gefangene Ball ist ein Error und kann möglicherweise einen Punktgewinn für die Gegner bedeuten.
– Bei einem Ground ball den Ball mit beiden Händen fangen und notfalls auch mit dem gesamten Körper blocken.
– Dem Pitcher in kritischen und hektischen Situationen keine Zeichen geben, um ihn nicht zu verwirren.
– Auf Signale vom Coach achten.
– Beim Zeichengeben die Hand verdeckt halten, so daß der gegnerische Coach diese Zeichen nicht erkennen kann.
– Nicht vor Pitchouts scheuen, denn diese sind auch eine taktische Variante.
– Bei Stolen base schnell den Ball zu dem Baseman werfen, auf das der Runner zuläuft.
– Bei Pop fly schnell die Gesichtsmaske ablegen und versu-

chen, den Ball zu fangen. Gelingt ihm dies, so ist der Batter out.

– Bahnt sich eine Aktion am Home plate an, sollte der Catcher den vom Batter fallengelassenen Schläger aus dem Weg räumen, um Behinderungen und Verletzungen zu vermeiden.

– Den Fanghandschuh immer an der selben Stelle halten, um dem Gegner keine Tips über die folgende Wurfart zu geben.

Der First baseman

Der First baseman ist der Spieler der Defensivmannschaft, der das erste Base bewacht. Er ist neben dem Pitcher der meistbeschäftigte Spieler auf dem Feld, denn die meisten Outs werden am ersten Base erzielt. Konzentration und ständiges Mitdenken sind ein Muß für ihn. Oftmals entscheidet ein Bruchteil einer Sekunde über Safe oder Out. Daher erreichen die Bälle den First baseman meist mit hoher Geschwindigkeit. Manchmal müssen die restlichen Feldspieler ihm den Ball aus den ungünstigsten Positionen zuwerfen. Da kann es schon geschehen, daß der Ball nicht ganz genau auf den Baseman kommt. Wichtig dabei ist das Stretching, bei dem der Baseman sich zum Ball streckt, doch mit einem Fuß Kontakt zum Base hält.

Ein First baseman muß also sehr sicher im Fangen der Bälle sein und hat deshalb auch einen etwas größeren und anders aufgebauten Fanghandschuh als die übrigen Feldspieler. Seine Aufgabe ist eine der schwersten, denn er muß Inning, Score, Outs und die Merkmale der Hitter immer im Kopf haben. Nach diesen Kriterien und anhand der gegenwärtigen Situation entscheidet er auch, welche der drei grundsätzlichen Positionen er zu besetzen hat.

Da wäre einmal die »Deep position«, bei der sich der First baseman etwas vom ersten Base in Richtung Outfield und zweites Base entfernt. Diese Situation ist sinnvoll, wenn ein starker, linkshändiger Hitter am Schlag ist.

Ist ein rechtshändiger Hitter an der Home plate, so empfiehlt sich die »Halfway position«. Bei dieser Position rückt der 1st Baseman nah an das erste Base und ganz rechts an die Foulline heran. Besonders ratsam ist diese Position auch, wenn Bunt möglich wäre.

Die 3. Variante ist die »In position«, bei der er weit ins Infield einrückt und sich etwa bis auf Höhe des Pitchers zwischen diesem und der Foul line postiert. Wenn ein Bunt so gut wie sicher ist, sollte die »In position« bevorzugt werden.

Für den First baseman gelten also folgende Regeln:

— Rechtshändige First basemen sollten mit dem rechten Fuß das Base berühren, linkshändige mit dem linken Fuß.
— Möglichst weit zum anfliegenden Ball strecken (mit Fuß am Base), um die Flugbahn zu verkürzen und Zeit zu sparen.
— Darauf achten, daß die Runner beim Laufen das Base berühren.
— Bei einem Lead sollte er dem Pitcher ein gutes Ziel geben und bereit sein für den Pick off.
— Sollte ein Runner ein Steal versuchen, so ruft er dem Catcher zu »There he goes«.
— Sämtliche Pop flies, ob fair oder foul, versuchen zu fangen und Pitcher und Catcher entlasten.
— Den Pitcher aufmerksam machen, wenn ein Runner zu großes Lead macht.
— Bei einem Run down oder Pick off den Runner sich selbst out machen lassen. Nicht auf ihn zuspringen.
— Sich als Cutoff man anbieten (Arme hoch halten).
— Abschätzen, welchen Bereich der Second baseman abdecken kann, und diesem notfalls helfen.
— Genau werfen zu anderen Basemen.
— Ist kein Runner an den Bases und Second baseman und Shortstop fungieren als Cutoff men, das zweite Base besetzen.

Shortstop und Second baseman Kombination

Der Shortstop ist der wichtigste unter den defensiven Feld-spielern. Er ist die Schlüsselfigur beim Double Play und bie-tet sich fast immer als Cutoff man an. Shortstop und Second baseman müssen sich genau absprechen und einander blind vertrauen können. Ist beispielsweise der Second baseman, der das zweite Base bewacht, damit beschäftigt, den Ball aufzunehmen, besetzt der Shortstop sofort das zweite Base. Auch bei Pop flies ist gegenseitige Unterstützung wichtig. Die Kombination von Shortstop und Second baseman sollte ein Beispiel für Koordination und Team-work sein.

Wichtig für den Shortstop ist:

— vorauszudenken, wohin er den Ball zu werfen hat für den Fall, daß dieser in seine Richtung kommt
— Jeden Ball versuchen anzunehmen und ihn so früh wie möglich stoppen
— bei einem Bunt das zweite Base besetzen, da der Second baseman ins Infield rückt
— durch Anwesenheit und Bereitschaft für einen Pick off die Runner nahe an den Bases halten und große Leads verhin-dern
— den Second basemann ständig unterstützen
— im Falle eines Double plays:
  a) sich immer auf den führenden Runner konzentrieren
  b) den Ball niedrig werfen, um den Runner zum Rutschen zu zwingen
  c) derjenige von beiden mit dem stärksten Arm sollte die weiten Distanzen werfen
  d) vor jedem Schlag absprechen, wer das zweite Base be-setzt. Um den Runnern jedoch nichts zu verraten, ver-deckt man dabei mit dem Fanghandschuh seitlich das Ge-sicht. Geschlossener Mund bedeutet, ich nehme es, und offener Mund bedeutet, du nimmst es. Natürlich können auch andere Signale vereinbart werden
  e) nicht verdeckt werfen. Der Second baseman muß den Wurf sehen können

Bei Cutoffs und Relays gilt für den Shortstop und den Second baseman die folgende Regel: Fliegt der Ball ins Leftfield oder ins linke Centerfield, so ist der Shortstop relay man, also der Spieler, der den Ball weiterbefördert. Fliegt der Ball ins Rightfield oder ins rechte Centerfield, so ist der Second baseman Relay man. Wichtig dabei ist:

— Die Cutoff Position so schnell wie möglich zu erreichen und die Arme in U-Form hochzuhalten. Verbale Kommandos wie »treff mich« oder »zu mir« verstärken die Gestik. So weiß der Outfielder sofort, wo der Cutoff man steht und wohin er zu werfen hat.
— Die Würfe seitlich und nicht mit dem Rücken zum Infield fangen. Das gewährleistet einen einfacheren und schnelleren Abwurf.
— Fungiert man als Back up, so ist es sinnvoll, durch laute Anweisungen anzusagen, wo der Ball hinzuwerfen ist.
— Die Entfernung, in der sich ein Cutoff man zwischen den Abwerfer und Empfänger des Balles stellt, hängt von der Wurfkraft des jeweiligen Spielers ab.
— Bietet sich der Third baseman als Cutoff man an, ist das dritte Base zu besetzen.
— Bei Pop flies soweit ins Outfield gehen, bis ein Outfielder in der Position ist, den Ball zu fangen.

Der Shortstop oder der Second baseman bewacht also je nach Situation das zweite Base. Beide sind prakisch die Türhüter zum Outfield und sollten dieses Tor fest verschließen, so daß rollende oder tiefliegende Bälle nicht ins Outfield gelangen und den Runnern viel Zeit zum Laufen verschaffen können. Die Aufgaben von beiden sind relativ identisch, dennoch sollte der Second baseman folgendes beachten:

— bei schnell rollenden Bällen auch ruhig auf die Knie gehen, um den Ball zuverlässig zu stoppen
— die Reichweite des First baseman abschätzen und diesen gegebenenfalls entlasten
— bei einem Bunt das erste Base besetzen, da First baseman die In Position einnimmt

– sich mit Shortstop absprechen, wer das zweite Base besetzt
– Sich überlegen, wo der Ball hinzuwerfen ist, noch ehe er den Spieler erreicht
– Bei Pop flies solange ins Outfield gehen, bis ein Outfielder in Reichweite ist, der den Ball sicher zu fangen vermag
– Dem Pitcher in Pick off Situation ein gutes Ziel bieten
– Durch Bereitschaft zum Pick off und Antäuschung die Runner nahe an ihren Bases halten.

Der Third baseman

Am dritten Base steht der Third baseman. Da es hier immer wieder zu heiklen Situationen kommt, nennt man die Ecke auch »Hot box« oder »Hot corner«. Jeder Runner, der einmal bis zum 3. Base vorgerückt ist, steht in »Scoring position«, das heißt, daß er wahrscheinlich beim nächsten Schlag das Home plate erreicht und damit für seine Mannschaft einen Punkt erzielt. Der Third baseman muß also höllisch aufpassen und versuchen, den Runner out zu machen.

Ähnlich wie der First baseman hat auch er je nach Situation, Punktestand, Outs und Inning die drei Positionen »Deep«, »Halfway« und »In« zu besetzen. Die Deep-Position nimmt er ein, wenn ein starker rechtshändiger Hitter am Schlag ist. Ist ein linkshändiger Hitter im Begriff zu schlagen, so ist die Halfway-Position sinnvoll, ebenso wenn ein schwacher Hitter am Home plate steht. Diese Position ist auch in normalen Spielsituationen üblich. Steht ein Bunt unmittelbar bevor, so wird die In-Position besetzt.

Der Third baseman sollte folgendes beachten:

– Pitcher und Catcher bei Pop flies entlasten
– schon vorher überlegen, wo der Ball hinzuwerfen ist, wenn er in seine Richtung kommt
– sich bei Schlägen ins Leftfield als Cutoff man anbieten
– Hände hoch bei Cutoff, um dem Outfielder anzuzeigen, wohin er werfen soll
– wenn Runner auf dem 1. und 2. Base stehen und der Ball

passiert den Third basemann zur Linken, Ball zum 2. Base werfen zum Double play
- den Pitcher auf große Leads aufmerksam machen
- den Pitcher ermutigen
- auf ein Squeeze play gefaßt sein
- nicht mit dem Third basecoach reden. Dieser wird stets versuchen, den gegnerischen Spieler abzulenken
- abschätzen, welchen Bereich der Shortstop abdecken kann, und diesem helfen
- aufpassen, ob die Runner ihr Base berühren
- bei einer Chance zum Pick off dem Pitcher ein gutes Ziel bieten
- wenn nötig, andere Feldspieler unterstützen (Back up).

Die Outfielder

Der Rightfielder, der Leftfielder und der Centerfielder werden als »Outfielder« bezeichnet, da sie im Outfield spielen. Analog dazu könnten alle anderen Feldspieler als Infielder bezeichnet werden. Gute Outfielder sind sehr wichtig, denn die besten Infielder nützen nichts, wenn die Outfielder versagen. Genau wie jeder Infielder muß sich auch der Outfielder schon vor jedem Schlag überlegen, wie er sich zu verhalten hat, wenn der Ball in seine Richtung geschlagen wird. Vielleicht hat der eine oder andere im Fernsehen schon einmal eine jener spektakulären Outfielder-Szenen gesehen, in denen dieser am Endzaun hochspringt und einen fast sicheren Home run vereitelt.

Die Outfielder unterstützen sich gegenseitig in jeder Position (Back up). Ist beispielsweise der Centerfielder im Begriff, einen Ball direkt aus der Luft zu fangen, so sollte der Left- oder Rightfielder oder beide ebenfalls versuchen, den Ball zu fangen. Natürlich darf der Centerfielder beim Fangen nicht behindert werden. Left- und Rightfielder laufen nur in eine günstige Position und stehen bereit, falls der Centerfielder den Ball falsch eingeschätzt hat und nicht fangen kann. Outfielder müssen viel laufen, um jeden Ball so schnell wie möglich ins Infield zu befördern – ein Outfielder ist nur so gut wie seine Beine –, doch auch die Wurfkraft ist entscheidend. Es gibt Outfielder, die über das gesamte Outfield zum Third Baseman werfen können, und das in einer Geschwindigkeit, daß der Ball auf der ganzen Strecke nahezu parallel zum Boden fliegt.

Ein guter Outfielder sollte:

– den Ball stets mit beiden Händen fangen
– nach dem Fangen oder Aufnehmen des Balles höchstens einen Schritt machen und sofort werfen, damit die Runner keine Zeit haben vorzurücken
– den Cuttoff man suchen und ihn möglichst in Kopfhöhe anspielen
– beim Fangen eines Pop flies erst ganz nach hinten gehen, den Ball einschätzen und dann, wenn nötig, wieder nach vorn gehen. Es ist einfacher, dem Ball entgegen- als hinterherzulaufen
– den anderen Outfieldern durch Zurufe Kommandos geben
– eventuelle Schwächen der anderen Outfielder kennen
– die Infielder von Pop flies entlasten, denn der nächststehende Infielder kommt so lange ins Outfield, bis ein Outfielder in Fangposition ist
– beim Fangen des Balles entspannt bleiben und den Ball in den Handschuh fallen lassen. Nicht dem Ball entgegenspringen.

Regeln für Defensivspieler in typischen Spielsituationen

Situation 1:

Der Batter schlägt einen Single ins Rightfield. Es stehen keine Runner an den Bases.

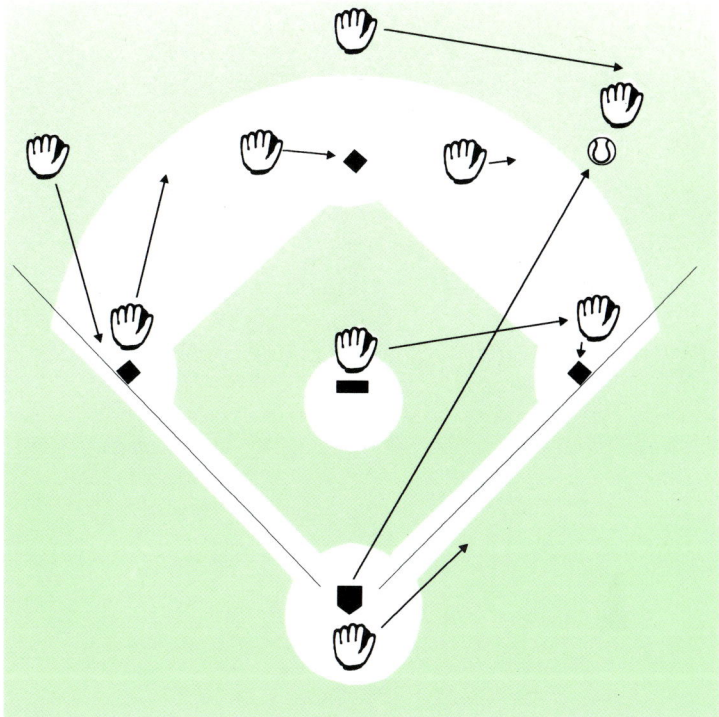

Der Pitcher läuft zum Back up ans erste Base, ebenso der Catcher, der dem Runner folgt. Der First baseman besetzt das erste Base, der Second baseman hält sich als Cutoff man bereit. Der Shortstop besetzt das zweite Base, unterstützt vom Third baseman, der dort Backup spielt. Der Rightfielder versucht den Ball zu fangen und zum Cutoff man zu werfen. Er wird dabei vom Centerfielder unterstützt. Der Leftfielder rückt ins Infield.

Situation 2:

Der Batter schlägt einen Single ins Rightfield. Am 1. Base steht ein Runner.

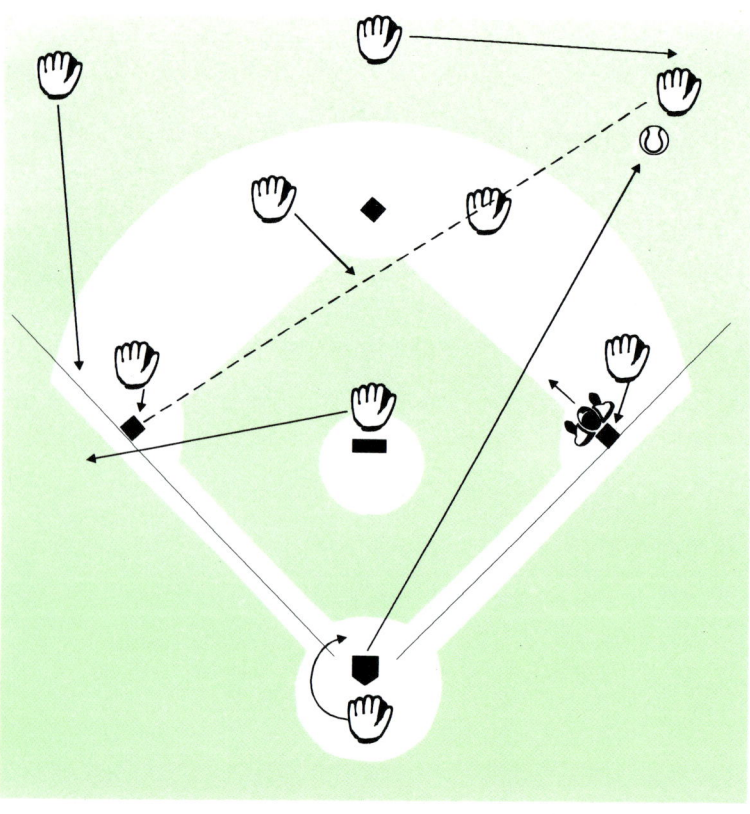

Der Pitcher spielt Backup am 3. Base, während der Catcher die Home plate sichert. Die drei Basemen besetzen ihre jeweiligen Bases, der Shortstop hält sich als Cutoff man bereit. Der Rightfielder versucht den Ball zu fangen und zum Shortstop zu werfen. Er wird dabei vom Centerfielder unterstützt. Der Leftfielder rückt ins Infield oder spielt Backup am 3. Base.

Situation 3:

Die Defensivmannschaft erwartet einen Triple ins linke Centerfield. Am 1. und 2. Base stehen Runner.

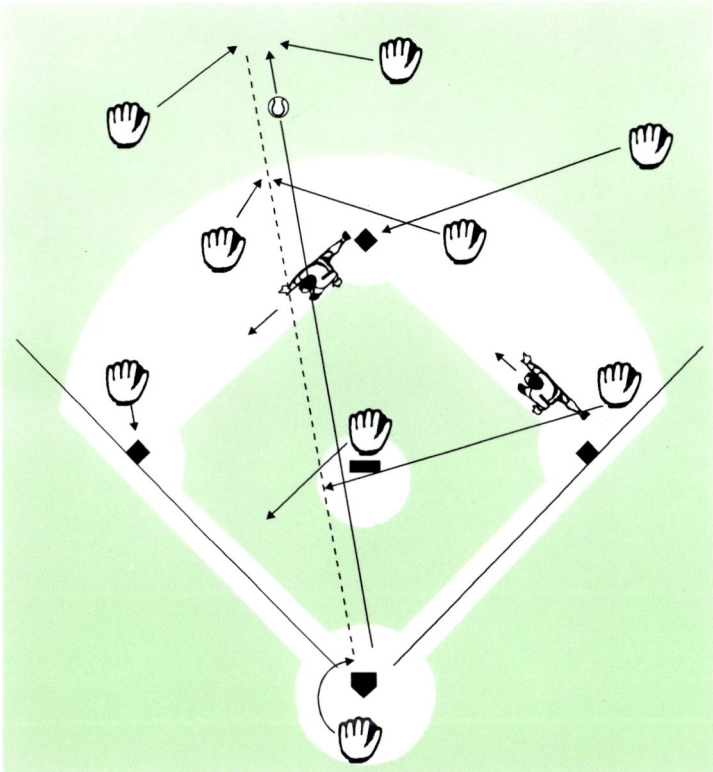

Der Pitcher hält sich als Backup bereit, der Catcher bewacht die Home plate, der Third baseman sein Base. Der Shortstop steht als 1. Cutoff man bereit, unterstützt vom Second baseman als Backup, der First baseman spielt den 2. Cutoff man. Untersützt vom Centerfielder versucht der Leftfielder den Ball zum Shortstop zu werfen, während der Rightfielder das 2. Base besetzt.

Situation 4:

Am Schlag ist ein Batter, von dem nur ein Bunt zu erwarten ist. Am 1. Base steht ein Runner.

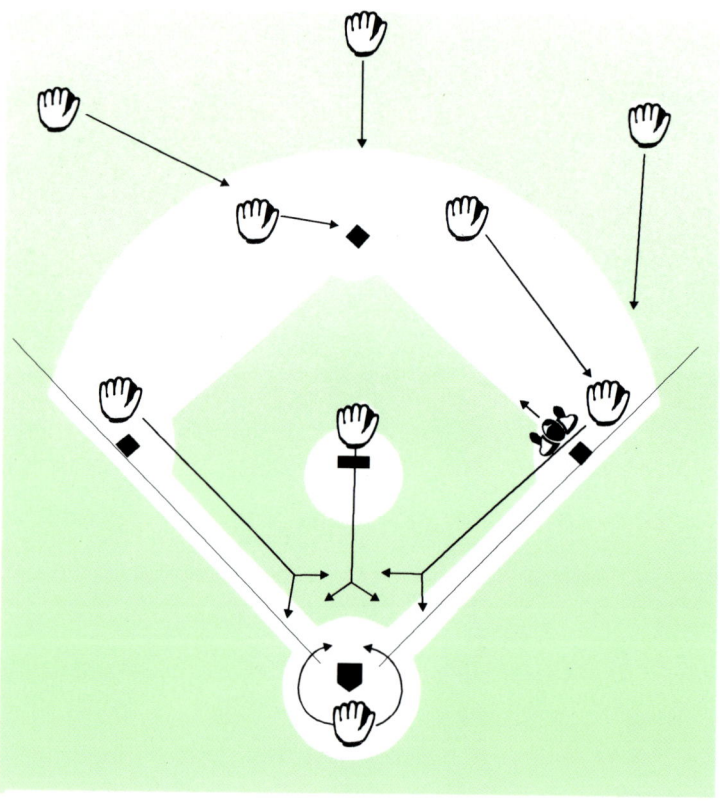

Der Pitcher bewegt sich in Richtung Home plate, während der Catcher versucht, den Bunt so schnell wie möglich zu stoppen. First und Third basemen rücken entlang ihrer jeweiligen Foul line vor und sichern den Bereich zwischen Foul line und Pitcher's plate. Der Second baseman besetzt das 1., der Shortstop das 2. Base. Die Outfielder rücken zu den Bases vor und halten sich als Backup bereit.

Situation 5:

Der Batter schlägt ein Fly foul ball. Am 1. und 3. Base stehen Runner.

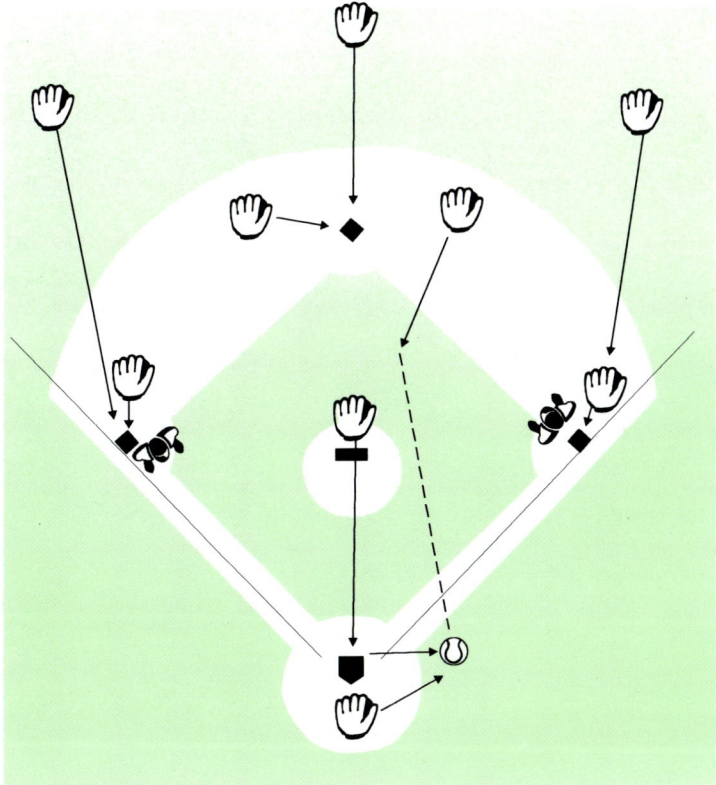

Der Catcher spurtet los, um den Fly ball aus der Luft zu fangen und zum Second baseman zu spielen, der als Cutoff man bereitsteht. Der First- und Third baseman halten ihre Bases besetzt, das 2. Base übernimmt der Shortstop. Die Outfielder rücken als Backups zu den Bases vor.

Baseball – in Deutschland und in den USA

Die Bedeutung in den USA

Die Bedeutung des Baseball-Sports in den USA ist mindestens so groß wie die des Fußballs bei uns, vielleicht sogar noch größer. Wenn auch die Vereinigten Staaten nicht das einzige Land sind, in dem professionell Baseball gespielt wird, denn dieser Sport wird beispielsweise auch in Japan ausgeübt, so steht Baseball doch für Amerika. »Baseball is America« oder wie einmal jemand sagte:»There is nothing more America, than an Inside fastball in Baseball!« (Es ist nichts typischer für Amerika als ein Inside fastball beim Baseball! – Ein Inside fastball ist ein sehr schwer zu schlagender Wurf des Pitchers. Der Ball fliegt dabei sehr schnell und sehr nahe am Batter vorbei.)

Jedes Jahr findet in der amerikanischen Profi-Liga, der Major League, die »World Championship«, also die Weltmeisterschaft, statt. Der Begriff »Weltmeisterschaft« bedeutet in diesem Fall jedoch nicht, daß Mannschaften aus aller Welt an diesem Wettbewerb teilnehmen. Dieser wird vielmehr ausschließlich von Baseball-Mannschaften der amerikanischen Major League ausgetragen. Offenbar sind die Amerikaner so überzeugt von ihrer grundsätzlichen Überlegenheit im Baseball, daß sie ernsthafte ausländische Konkurrenz erst gar nicht in Betracht ziehen und somit den amerikanischen Baseballmeister automatisch auch als Weltmeister ansehen. Man kann sich leicht vorstellen, daß dieser Titel auch entsprechend gefeiert wird.

Wie auch beim Football, finden, wie es in den USA üblich ist, vor und nach dem Spiel Showeinlagen statt, denn auch hier gilt der amerikanische Grundsatz: »There is no business like show-business!« Doch diese Shows sind mehr als nur Unterhaltung, sie sind Ausdruck einer Mentalität.

Als ich das erste Mal in den USA war, traf ich eines Tages in einem sehr guten Restaurant in der Nähe der 5th Avenue in New York den damaligen Präsidenten der National League, Dr. B. Jiamatto, der im Jahr darauf dann Präsident der Major League wurde. Ich erzählte ihm von meinem Baseball-Team und meinen Bemühungen, Baseball auch in der Bundesrepublik populärer zu machen, und er war begeistert. Schließlich versprach er, mir für eines der nächsten Spiele in New York Karten zu besorgen.

Da saß ich dann, einige Tage später, mit einem Kollegen im Yankee Stadium im Stadtteil Bronx auf der Club-Tribüne der New York Yankees. Die Atmosphäre war überwältigend. Am Anfang jedes Spiels erheben sich die Zuschauer von ihren Sitzen, und es erklingt die Nationalhymne. Anders als in Europa befindet sich zwischen den Zuschauern und dem Spielfeld in der Regel kein hoher Sicherheitszaun, sondern lediglich eine hüfthohe Abgrenzung. Sitzt man auf den »Box Seats«, das sind die ersten paar Reihen, hat man fast das Gefühl, man stände unmittelbar auf dem Spielfeld.

Ein weiterer Beweis für auch eine ganz andere Sportmentalität ist auch die Tatsache, daß die Fans beider Mannschaften bunt gemischt untereinander sitzen. Zu Streitigkeiten oder gar Ausschreitungen kommt es selten, und sollte dem einen oder anderen doch einmal das Temperament durchgehen, so haben die Sicherheitskräfte, die während des Spiels durch das Stadion patrouillieren, sofort alles unter Kontrolle. Es wird einfach toleriert, daß der eine beispielsweise Fan der Yankees ist und der andere eben mehr für die Tigers schwärmt. Natürlich gibt es auch Buh-Rufe für die gegnerische Mannschaft, aber alles im friedlichen Rahmen.

Einmal saß ich auf der Tribüne neben einem, wie ich vermutete, Geschäftsmann mit Anzug und Krawatte, der ständig sämtliche Spieler der Yankees beschimpfte, wer auch immer gerade zum Home plate ging. »Mattingly go home!« oder »Henderson for Little League!« So brüllte er über das Spielfeld. Plötzlich tippte mir mein stimmgewaltiger Nachbar auf die Schulter und fragte mich, wer der Spieler sei, der in jenem Moment zum Home plate trat, natürlich mit dem Hintergedanken, auch diesen zu beschimpfen. Doch ich mußte ihm mitteilen, daß mir der Mann ebenfalls unbekannt sei. Abgesehen davon hätte ich als Yankee-Fan ihm den Namen ohnehin nicht verraten, selbst wenn ich ihn gewußt hätte. Währenddessen drehten sich die übrigen Yankee-Fans zu diesem Mann um, lachten und schüttelten die Köpfe. Aber keiner dachte auch nur daran, ihn zurechtzuweisen oder zu beschimpfen, wie dies in einem europäischen Fußballstadion sicherlich geschehen wäre.

Beim Baseball gibt es keine Halbzeit und auch keine große, der Halbzeitpause entsprechende Spielunterbrechung. Es kommt jedoch zu kürzeren Pausen nach jedem Inning, wenn Offensiv- und Defensivmannschaft die Positionen tauschen. In diesen Pausen erklingt Musik, und über eine der riesigen Anzeigetafeln, auf denen während des gesamten Spiels das originalübertragene Fernsehbild zu sehen ist, flimmern Wiederholungen der vorangegangenen Highlights. Langeweile kommt also nie auf. Lästig können allerdings die Eis- und Popcorn-Verkäufer sein, die während des Spiels ihre Ware an den Mann bringen wollen. Meistens geschieht es genau bei einer spannenden Spielszene, daß einem ein solcher vor der Nase herumläuft. So geschah es auch mir, daß mir auf diese Weise ein Home Run Mattinglys für die Yankees entging, für den es »Standing Ovations« gab.

Fliegt einmal ein Ball ins Publikum, wird natürlich versucht, den heißbegehrten Ball zu fangen. Deshalb kommen viele Fans mit dem eigenen Fanghandschuh ins Stadion. Gelingt es einem Fan, den Ball zu fangen, so steht der glückliche Fänger kurz auf, hält triumphierend den Ball hoch und erhält neidlos Applaus für diese gelungene »Showeinlage«.

Baseball ist also ein Vergnügen, das zum »American way of life« gehört, und dabei ist dieses Vergnügen gar nicht einmal teuer – im Gegensatz etwa zu den Eintrittskarten beim europäischen Profifußball. Stehplätze gibt es in Baseball-Stadien nicht. So kosten also die ersten paar Reihen, gleich hinter

dem Home plate, die auch die besten Plätze sind, die sogenannten

– Box Seats 15,00 $ (ca. 22,50 DM).

Danach folgen die nächsten, preisgünstigeren Kategorien:

– Loge & Mezzanine Reserved 12,00 $ (ca. 18,00 DM)
– Upper Level Box 12,00 $ (ca. 18,00 DM)
– Upper Level Reserved 6,50 $ (ca. 9,75 DM)
– Back Rows, Loge & Mezzanine 6,50 $ (ca. 9,75 DM)
– Senior Citizens (ab 60 Jahren) 1,00 $ (ca. 1,50 DM).
  (bei einem zugrundegelegten Dollarkurs von 1,50 DM=1 $)

Gruppen ab 25 Personen erhalten Vergünstigungen.

Der Ligabetrieb in den USA

Die Major League Baseball ist die US-amerikanische Base-
ball-Profiliga. Sie umfaßt alle professionellen Baseball-
Mannschaften der USA und zwei Teams aus Kanada, da Kanada keine eigene Liga besitzt. Die Major League ist unter-
teilt in die National League und die American League. Zuerst wurde im Jahre 1876 die National League gegründet.
1901 kam dann die American League hinzu. Bis 1960 waren
in jeder dieser Ligen acht Mannschaften. Als erste begann
sich 1961 die American League zu vergrößern. Hinzu kamen die LA Angels, die später zu den California Angels
wurden. Auch die Washington Senators verstärkten die
American League, die die eigentlichen Senators ersetzten,
welche nach Minnesota umgezogen waren. Doch auch die
National League bekam 1962 Verstärkung durch die Houston Colt 45s, die späteren Houston Astros, und die New
York Mets. Das größte Expansionsjahr erlebte die Major
League Baseball im Jahr 1969. Jeweils zwei weitere Mannschaften kamen zu jeder Liga hinzu. Zur American League
kamen die Kansas City Royals und die Seattle Pilots, die später nach Milwaukee umzogen und zu den Brewers wurden.
Für das Gleichgewicht auf seiten der National League sorgten die San Diego Padres und die Montreal Expos als erste
kanadische Mannschaft. Als schließlich beide Ligen 1969

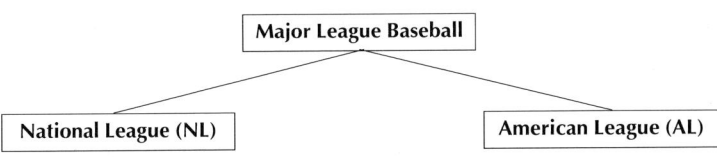

Major League Baseball		
National League (NL)		American League (AL)

National League		
East	**Central**	**West**
Atlanta Braves	Chicago Cubs	Colorado Rockies
Florida Marlins	Cincinnati Reds	Los Angeles Dodgers
Montreal Expos	Houston Astros	San Diego Padres
New York Mets	Pittsburgh Pirates	San Francisco Giants
Philad. Phillies	St. Louis Cardinals	

American League		
East	**Central**	**West**
Baltimore Orioles	Chicago White Sox	California Angels
Boston Red Sox	Cleveland Indians	Oakland Athletics
Detroit Tigers	Kansas City Royals	Seattle Mariners
New York Yankees	Milwaukee Brewers	Texas Rangers
Toronto Blue Jays	Minnesota Twins	

aus jeweils 12 Mannschaften bestanden, entschloß sich die Führungsspitze der Major League Baseball dafür, jede der Ligen in eine Ost- und West-Division aufzuteilen. Somit wurden erstmals in jeder Liga zwei Tabellenerste geschaffen, die jeweils in der National League Championship und den American League Championship Play-offs um die Teilnahme an der World Series spielen mußten. Im Jahre 1977 vergrößerte sich die American League erneut, denn die Seattle Mariners und die Toronto Blue Jays, das zweite kanadische Team, schlossen sich an. Bis 1993 hatte die American League damit 14 Mannschaften, also zwei mehr als die National League. Dann sorgten die Colorado Rockies und die Florida Marlins wieder für Gleichgewicht, so daß nunmehr auch die National League 14 Teams besaß. Noch im gleichen Jahr 1993 beschloß die Gemeinschaft der Baseball-Team-Besitzer, für die Saison 1994 die Ligen wieder umzustrukturieren. Diesmal wurden die National- und die American League in drei Divisionen, nämlich Ost, Mitte und West, aufgeteilt. Die drei Tabellenersten jeder Division und ein Wild-Card-Team aus jeder Division, spielen in Play-offs jeweils um die National bzw. American League Championship. Das Wild-Card-Team ist jeweils der bestplazierte Tabellenzweite jeder Liga.

Vor der regulären Saison gehen alle Major League Mannschaften in ein sechswöchiges Trainingslager, das »springtraining«. Dabei trainieren 20 Teams in Florida in der sogenannten »Grapefruit-Liga« und die restlichen acht Teams in Arizona, in der sogenannten »Kaktus-Liga«. Während des springtrainings bereitet man sich auf die Saison vor, indem man auch gegen nicht professionelle Mannschaften, die Minor-Leagues, spielt. Dort haben dann die Coaches und Manager der Major League Teams die Möglichkeit, nach Nachwuchstalenten zu suchen.

In der eigentlichen Saison muß jede der insgesamt 28 Mannschaften der Major League 162 reguläre Spiele absolvieren. Die Saison beginnt Anfang April und endet in der ersten Oktoberwoche. Reguläre Spiele werden nur innerhalb jeder Liga ausgetragen. In der Mitte der Saison, also nachdem jedes Team ca. 81 Spiele bestritten hat, macht die Major League für drei Tage Pause. Während dieser drei Tage findet das sogenannte »All-Star-Game« statt, die vielleicht interessanteste Begegnung und sicherlich ein absoluter Höhepunkt der Saison. Bei diesem »All-Star-Game« spielt eine Auswahlmannschaft, die sich aus Spielern aller Teams der National League zusammensetzt, gegen eine ebensolche der American League. Das Interessante dabei ist, daß die Auswahl der Spieler durch die Zuschauer und die Fans erfolgt. Diese wählen für jede Position, mit Ausnahme der Pitcher, ihren Favoriten. Die Spieler, die auf ihrer Position die meisten Stimmen erhalten, sind dann die »All-Stars«, also die Spieler im »All-Star-Game«. Die Pitcher werden von den ausge-

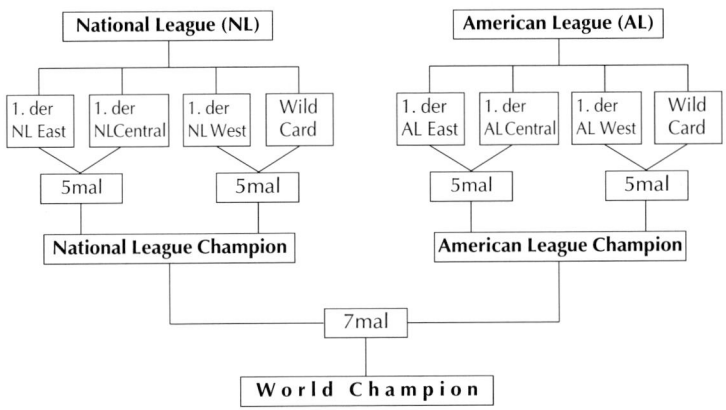

wählten Coaches und Managern jedes All-Star-Teams in Rücksprache mit den Liga-Präsidenten bestimmt. Normalerweise werden die »All-Stars« nach Leistungsstärke ausgewählt, so daß bei dem Spiel wirklich die Besten der National League gegen die Besten der American League spielen. Es kommt jedoch häufig vor, daß gewisse Spieler nicht aufgrund ihrer Leistungen, sondern wegen ihrer Beliebtheit gewählt werden, was natürlich nicht bedeutet, daß diese Spieler schlecht wären, auch wenn sie nicht die absolute Spitze darstellen. Das »All-Star-Game« wird seit 1933 jedes Jahr ausgetragen. Nur im Jahr 1945 wurde aufgrund von Reiseverboten während der Kriegszeit das Spiel abgesagt. Auch 1994 entfiel das »All-Star-Game« wegen eines Spielerstreiks. In der Zeit von 1959 bis 1962 wurden sogar zwei »All-Star-Games« in einer Saison ausgetragen.

Wenn die Saison vorbei ist, gibt es sowohl in der National als auch in der American League jeweils drei Divisionssieger. Diese drei Divisionssieger und das bestplazierte tabellenzweite Team spielen dann in Play-offs um die National bzw. American League Championship. Dazu spielen die entsprechenden Mannschaften jeweils fünfmal gegeneinander. Der National League Champion spielt dann in ebenfalls fünf Spielen gegen den American League Champion um die World Championship. Das Team, das die meisten der fünf Spiele gewonnen hat, ist dann der World Champion.

Der Ligabetrieb in Deutschland

In Deutschland wird der Liga-Betrieb vom Deutschen Baseball und Softballverband (DBV) organisiert. Der DBV ist der nationale Dachverband, dem derzeit neun Landesverbände mit insgesamt ca. 21 800 aktiven Mitgliedern untergeordnet sind. Damit stellt der DBV den viertgrößten Verband innerhalb der europäischen Nationen dar. Seit 1990 gehört der DBV der Deutschen Sportjugend (dsj) an und verfügt sogar über einen Sitz im Nationalen Olympischen Komitee für Deutschland. Im Jahre 1994 gehörten dem DBV bereits 460 Vereine mit insgesamt ca. 21 800 Mitgliedern an. Der stärkste der neun Landesverbände ist, mit ca. 5950 Mitgliedern und ca. 162 Baseball- und Softballmannschaften, Nordrhein-Westfalen. Die Organisation des Liga-Betriebs bis zur Verbandsliga, unterliegt jeweils den Landesverbänden. Jeder Landesverband hat entsprechende Organe wie den Ligaausschuß, den Schiedsrichterausschuß, den Jugendausschuß usw. Ebenso ist in jedem Landesverband eine unabhängige freiwillige Gerichtsbarkeit eingerichtet, das Regionalgericht. Sämtliche Spielproteste und Streitigkeiten, sowohl zwischen den Vereinen als auch zwischen Verbandsorganen und Vereinen, werden gemäß einer Rechts- und Verfahrensordnung vom Regionalgericht entschieden. Das Verfahren vor dem Regionalgericht ist dabei die erste Instanz. Die Berufung und die Revision geht dann an das Sportgericht bzw. an das Bundesgericht des DBV. Der Baseball- und Softball-Sport in Deutschland ist somit längst genauso gut organisiert wie andere, bereits etablierte Sportarten.

Grundsätzlich ist der Baseball-Sport in Deutschland nach folgendem Ligasystem strukturiert:

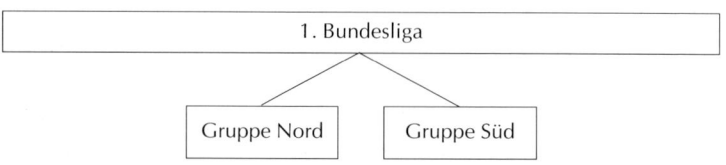

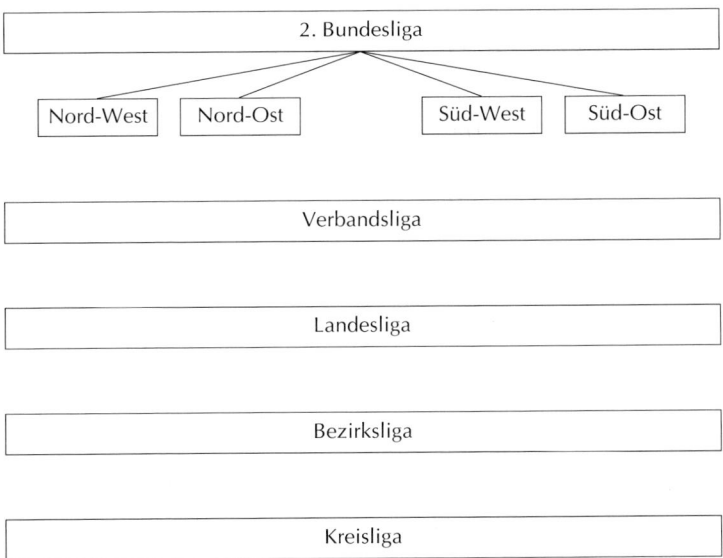

Die 1. und 2. Bundesliga umfaßt, wie beim Fußball, überregional die besten Mannschaften aus der gesamten Bundesrepublik. Jedes Bundesland, mit Ausnahme von Bremen, Sachsen-Anhalt, Mecklenburg-Vorpommern, Sachsen und Thüringen, hat einen eigenen Landesverband. Im Rahmen dieser Landesverbände, also getrennt nach Bundesländern, werden dann die Meisterschaften der Verbands-, Landes-, Bezirks-, Kreis- und Softball-Ligen ausgetragen. In der Saison 1995 bestand die Verbandsliga aus einer Gruppe, die Landesliga aus zwei Gruppen, die Bezirksliga aus vier Gruppen und die Kreisliga aus 8 Gruppen. Jede Gruppe besteht wiederum im Durchschnitt aus 7 Mannschaften.

Die Ligeneinteilung für Softball ergab sich 1995 aus einer Verbandsliga, zwei Landesligen und vier Bezirksligen.

Die 1. Bundesliga ist in den letzten Jahren auf sechzehn Teams erweitert worden. Die Gruppen Nord und Süd werden nach Lage der Bundesländer aufgeteilt. Die Grenzlinie, die die Bundesrepublik in die Gruppen Nord und Süd aufteilt, verläuft ungefähr zwischen Köln und Bonn. Köln gehört

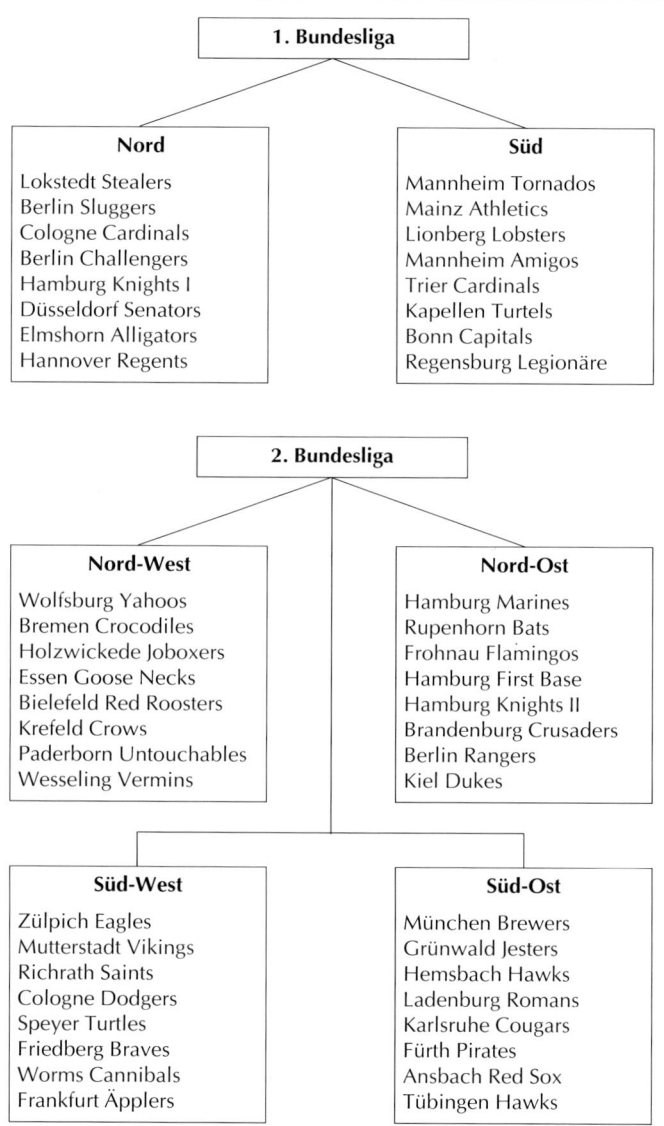

1. Bundesliga

Nord

Lokstedt Stealers
Berlin Sluggers
Cologne Cardinals
Berlin Challengers
Hamburg Knights I
Düsseldorf Senators
Elmshorn Alligators
Hannover Regents

Süd

Mannheim Tornados
Mainz Athletics
Lionberg Lobsters
Mannheim Amigos
Trier Cardinals
Kapellen Turtels
Bonn Capitals
Regensburg Legionäre

2. Bundesliga

Nord-West

Wolfsburg Yahoos
Bremen Crocodiles
Holzwickede Joboxers
Essen Goose Necks
Bielefeld Red Roosters
Krefeld Crows
Paderborn Untouchables
Wesseling Vermins

Nord-Ost

Hamburg Marines
Rupenhorn Bats
Frohnau Flamingos
Hamburg First Base
Hamburg Knights II
Brandenburg Crusaders
Berlin Rangers
Kiel Dukes

Süd-West

Zülpich Eagles
Mutterstadt Vikings
Richrath Saints
Cologne Dodgers
Speyer Turtles
Friedberg Braves
Worms Cannibals
Frankfurt Äpplers

Süd-Ost

München Brewers
Grünwald Jesters
Hemsbach Hawks
Ladenburg Romans
Karlsruhe Cougars
Fürth Pirates
Ansbach Red Sox
Tübingen Hawks

demnach noch zur Gruppe Nord, während Bonn bereits zur Gruppe Süd gehört. In jeder Gruppe wird dann der Norddeutsche Meister und Vizemeister bzw. der Süddeutsche

Meister und Vizemeister ermittelt. Die Gruppen- und Vizemeister spielen dann in einer Play-off-Runde um die Deutsche Meisterschaft. Die beiden Gruppenletzten steigen in
die 2. Bundesliga ab.

In der 2. Bundesliga gibt es vier Gruppen, und zwar die
Gruppen Nord-West, Nord-Ost, Süd-West und Süd-Ost, denen jeweils acht Mannschaften angehören. Um den Aufstieg
in die 1. Bundesliga spielen die Tabellenersten. Die Tabel-
lenletzten steigen in die Verbandsliga ab.

Die Geschichte des Baseball-Sports

Der Ursprung des Baseball-Sports ist nicht ganz eindeutig
bestimmbar. Es hat auch niemals jemanden gegeben, der als
Erfinder des Spiels aufgetreten wäre. Jedoch wird häufig der
Amerikaner Doubleday als Begründer der heutigen Spiel-
feld- und Mannschaftseinteilung genannt. Dies stößt jedoch
bei einigen Sport-Historikern, warum auch immer, auf Ab-
lehnung.

Man nimmt an, daß das Baseballspiel seine Ursprünge im
deutsch-österreichischen Schlagballspiel und im englischen
Cricket findet. Das erste nachgewiesene Baseball-Team war
der »Knickerbocker Club of New York«, der 1845 von Alex-
ander Cartwright gegründet wurde. Die ersten 20 Regeln
wurden am 23. September 1845 aufgestellt. Im Jahr 1849
kam eine neue Regel hinzu, und im Jahr 1854 waren es
nochmal fünf. Immer und immer wieder wurden die Regeln
ergänzt, bis sich schließlich das ausgefeilte Regelwerk ent-
wickelt hatte, wie es heute üblich ist.

Im Sezessionskrieg 1861-1865 zwischen den Nord- und
Südstaaten spielten die Soldaten beider Seiten Baseball in
ihren Lagern. Als sie nach Kriegsende im Jahr 1865 in ihre
Heimatorte zurückkehrten, verbreiteten sie das Baseball-
Spiel im gesamten Land. 1875 wurde die »National League«
gegründet, und die Gründung der »American League« folgte
im Jahre 1900. Fünf Jahre später trafen dann erstmals die
Sieger beider Ligen zur Austragung der Meisterschaft (World
Series) aufeinander. Mit der Zeit wurden noch weitere Ligen

ins Leben gerufen, die aber schon nach kurzer Zeit wieder aufgeben mußten. Baseball war schon bald der beliebteste Sport in den USA.

Die Entwicklung des Baseball-Sports in Deutschland

Einem deutschen Publikum wurde Baseball erstmals bei den Olympischen Spielen 1936 in Berlin vorgestellt. Zwei amerikanische Teams demonstrierten das Spiel den begeisterten Zuschauern. Wie auch heute noch, so übte schon damals alles, was aus den USA kam, eine enorme Anziehungskraft auf die Menschen aus, und daher bildeten sich kurz darauf auch Baseballvereine in Berlin. Die Zukunftsaussichten dieser neuen Klubs waren freilich denkbar düster; denn die nationalsozialistischen Machthaber im Dritten Reich machten allen Aktivitäten in dieser »undeutschen« Sportart rasch ein Ende.

Nach dem zweiten Weltkrieg brachten die amerikanischen Besatzungstruppen den Baseballsport nach Deutschland zurück, wenn auch zunächst nur in die amerikanischen Besatzungszonen, also nach Hessen, Bremen, Baden-Württemberg und Bayern. Dort richteten sie die GYA's (German Youth Activities) ein, die ein umfangreiches Sportangebot für die Jugend zu bieten hatten. Mit an der Spitze stand dabei natürlich der Lieblingssport der Amerikaner – Baseball. Die Veranstaltungen waren trotz anfänglicher Berührungsängste stets gut besucht, wobei der Umstand, daß die Amerikaner in jenen Hungerjahren immer reichlich Speisen und Getränke anboten, gewiß das Seine beigetragen hat.

Die Einrichtung der GYA's und das Ködern der jungen Leute mit Nahrungsmitteln hatte natürlich weniger sportliche als politische Gründe. Die im Geist des Nationalsozialismus aufgewachsene Jugend sollte auf diese Weise im Rahmen der Entnazifizierung von diesem unseligen Gedankengut und für die westlichen Ideale der Freiheit und Demokratie begeistert werden. Das Interesse am Baseballsport, das sich vor dem Krieg nicht hatte entfalten dürfen, war nun wieder neu entfacht. Die Amerikaner richteten eine Militärliga ein, in der ein reger Spielbetrieb herrschte. Profispieler, die ihren Militärdienst in Deutschland ableisteten, sorgten dabei für ein beachtliches Leistungsniveau.

Bald waren überall in den amerikanischen Zonen Straßenteams zu finden, die, oft ohne Regelkenntnisse, ihr eigenes Baseballspiel aufbauten. Die Ausrüstung dazu wurde wiederum in großen Mengen von den Amerikanern gestiftet. Diese halfen den bereits 1948 existierenden 140 Baseball-Mannschaften bei der Organisation von Turnieren und stellten bereitwillig ihre Plätze zur Verfügung.

Das Jahr 1949 brachte dann die Gründung des ersten deutschen Baseballclubs, den »Frankfurt Juniors«. Kurz darauf bildeten sich auch in Stuttgart und München die ersten Baseball-Clubs. Vier Jahre später, am 17.4.1953, wurde dann eine erste Dachorganisation ins Leben gerufen, die »Allgemeine Baseball Föderation Deutschland (A.B.F.D.)«. Von Marburg an der Lahn aus leitete die A.B.F.D. den Spielbetrieb und die erste offizielle deutsche Meisterschaft, die die Frankfurter Juniors gewannen. Außerdem war der A.B.F.D. maßgeblich an der Gründung des europäischen Baseball Verbandes, des C.E.B.A., beteiligt.

In den fünfziger Jahren flaute das Interesse an den GAY's allmählich ab. Der Grund war in erster Linie das deutsche Wirtschaftswunder, gewiß kein Antiamerikanismus. Denn Lebensmittel waren inzwischen wieder reichlich vorhanden, und der Fußball stieg auf zum Volkssport der Deutschen, nachhaltig gefördert durch den Triumph bei der Fußball-Weltmeisterschaft 1954.

Ende der fünfziger Jahre wurden die GAY's dann endgültig geschlossen. Die Folge war ein Niedergang der Vereine, da die finanzielle Unterstützung nun ausblieb. Trotz dieses Tiefs erreichte die deutsche Nationalmannschaft 1957 den zweiten Platz bei der Europameisterschaft.

1968 existierten in der Bundesrepublik nur noch fünf Vereine. Als dann 1970 auch noch der Spielbetrieb in den Militärligen eingestellt wurde, schien das Schicksal des deutschen Baseball-Sports vorerst besiegelt.

Erst Anfang der achtziger Jahre stieg die Zahl der Vereine

wieder an. USA-Reisen und Schüleraustausch-Projekte ließen das Interesse an amerikanischer Kultur und Lebensart neu erwachen. Amerikanische Fernsehproduktionen überschwemmten die deutschen TV-Kanäle, und der Massenwohlstand machte auch bis dahin als exotisch angesehene Sportarten nicht mehr unerschwinglich. Besonders die Serie »Die Bären sind los« löste bei zahlreichen Jugendlichen eine Welle der Begeisterung für den Baseballsport aus.

1980 mußte sich dann die A.B.F.D. auflösen, da sie kein eingetragener Verband war und somit die nötigen finanziellen Unterstützungen ausblieben. Noch im selben Jahr gründete sich dann der »Deutsche Baseball Verband (DBV)«, der als Dachverband im Jahre 1983 eingetragen wurde. Ihm gehörten damals 12 Vereine mit insgesamt 600 Mitgliedern an. Erstmals gibt es in diesem Jahr, auf Initiative des neugegründeten »Westdeutschen Baseball Verband (WBV)«, eine deutsche Oberliga, der die folgenden Teams angehörten: Mannheim Amigos, Zülpich Eagles, Cologne Expos, Cologne Dodgers 1, Cologne Dodgers 2, Bonn, Düsseldorf und Wiesbaden.

Im Jahr 1984 wurde aus der Oberliga die erste und zweite Bundesliga, und der WBV löste sich auf. Der DBV übernahm von nun an die Leitung aller Baseball-Aktivitäten in der Bundesrepublik. Von da an erlebte der Baseball-Sport in Deutschland einen ungeheuren Aufschwung. Im Jahre 1990 gehörten dem DBV bereits über 132 Vereine mit mehr als 3500 Mitgliedern an. Mit mehr als 200 Vereinen und rund 5000 Mitgliedern haben sich 1991 die Mitgliederzahlen fast verdoppelt. Heute ist der stärkste der neuen Landesverbände, Nordrhein-Westfalen, mit 5950 Mitgliedern alleine schon wesentlich größer als der gesamte DBV 1991. Insgesamt gehören dem DBV heute bundesweit rund 600 Vereine mit mehr als 21 800 Mitgliedern an. Dies entspricht einer durchschnittlichen jährlichen Zuwachsrate von ca. 158 Prozent (Stand: Ende 1995). Welche andere Sportart in Deutschland kann eine derartige Zuwachsrate vorweisen? Es scheint, als habe der deutsche Baseball-Sport nun endgültig Fuß gefaßt.

Aktive Mitgliederzahlen aller Baseball- und Softballvereine in den einzelnen Bundesländern

Baden-Württemberg:	2200 Mitglieder
Bayern:	2850 Mitglieder
Berlin:	950 Mitglieder
Brandenburg:	200 Mitglieder
Hamburg:	950 Mitglieder
Hessen:	1550 Mitglieder
Niedersachsen:	1800 Mitglieder
Nordrhein-Westfalen:	5950 Mitglieder
Rheinland-Pfalz:	1800 Mitglieder
Saarland:	1800 Mitglieder
Sachsen:	150 Mitglieder
Schleswig-Holstein:	1400 Mitglieder
Thüringen:	200 Mitglieder
Gesamt:	21800 Mitglieder

Bundesländer, die oben nicht aufgeführt sind, haben noch keinen eigenen Landesverband.

Wie ein Baseball-Club entsteht

Wie wird man ein eingetragener Verein?

Um das Kürzel e.V. hinter den Vereinsnamen setzen zu dürfen, bedarf es einigen bürokratischen Aufwands. Zunächst einmal muß ein Verein, der beim Amtsgericht eingetragen werden soll, laut Paragraph 56 BGB, mindestens sieben Mitglieder haben. Ist dies gegeben, so muß eine Vereinssatzung entworfen werden, in der die Ziele des Vereins definiert sind. Darin müssen alle vereinstechnischen Fragen wie Ein- oder Austritt der Mitglieder geregelt sein. Sinnvollerweise bedient man sich beim Erstellen der Satzung einer Mustersatzung eines anderen Vereins, der bereits eingetragen ist. Der Vorteil liegt darin, daß eine bereits vom Amtsgericht akzeptierte Satzung praktisch eine Garantie dafür ist, daß auch die eigene Satzung die gerichtlichen Hürden mühelos überwindet. Natürlich sollte die Mustersatzung nicht vollständig übernommen werden, denn beispielsweise die Rechte des Vorstands sollten schon auf den eigenen Verein abgestimmt sein. Die Satzung muß von mindestens sieben volljährigen Mitgliedern unterzeichnet werden. Und da gerade vom Vorstand die Rede ist: die Mitglieder des Vorstandes müssen natürlich ebenfalls volljährig sein; denn sonst wäre der Vorstand und somit auch der Verein nicht rechts- bzw. geschäftsfähig.

Doch nicht nur das Amtsgericht, sondern auch das Finanzamt hat bei einer Vereinsgründung ein Wörtchen mitzureden, womit die Sache schon komplizierter wird. Grundsätzlich gibt es zwei Arten von eingetragenen Vereinen, den »Wirtschaftlichen Verein« und den »Nichtwirtschaftlichen

111

Verein«. Ein »Wirtschaftlicher Verein« möchte durch seine Vereinstätigkeit auch finanziellen Gewinn erwirtschaften. Da schaltet sich dann das Finanzamt ein, denn dieser Gewinn muß versteuert werden. In der Regel sind Sportvereine, zumindest die kleineren, aber »Nichtwirtschaftliche Vereine«. Das bedeutet, daß der Zweck des Vereins nicht im Geldverdienen liegt, sondern lediglich in der Ausübung eines Sports. Man spricht in diesem Fall von der »Gemeinnützigkeit« eines Vereins.

Um vom Finanzamt als gemeinnütziger Verein anerkannt zu werden, sind Auflagen zu erfüllen, die auch in der Satzung festgelegt sein müssen. Wie die Satzung eines Vereins aussehen kann, zeigt das folgende Muster.

Wie geht man nun in der Praxis vor? Nachdem die Satzung unter der Voraussetzung der Gemeinnützigkeit erteilt ist, muß von der Gründungsversammlung des Vereins noch ein Gründungsprotokoll angefertigt werden. Auch so ein Protokoll ist nachfolgend zu finden. Protokoll und Satzung müssen von einem Notar beglaubigt werden. Der Notar verfaßt dann einen Antrag auf Eintragung beim Amtsgericht. Die Notarkosten betragen zwischen DM 60,– und DM 80,–, womit wir bei den Kosten der Eintragung wären. Antrag, Protokoll und Satzung leitet der Notar weiter ans Amtsgericht. Die Eintragungskosten beim Amtsgericht betragen um die DM 100,–. Sie sind im voraus zu entrichten. Gemeinnützige Vereine sind von diesen Eintragungskosten befreit, müssen ihre Gemeinnützigkeit aber durch Vorlage des Freistellungsbescheides vom Finanzamt nachweisen. Es ist also ratsam, sich ans Finanzamt zu wenden, sobald die Satzung fertiggestellt ist. Das geschieht durch einen formlosen Antrag auf Anerkennung der Gemeinnützigkeit sowie einer Kopie des Protokolls und der Satzung. Beides muß nicht notariell beglaubigt sein und sollte so schnell wie möglich eingereicht werden.

Zum Schluß sei noch darauf hingewiesen, daß das Finanzamt von Landkreis zu Landkreis verschiedene Ansprüche für die Erlangung der Gemeinnützigkeit stellen kann. Es ist also ratsam, trotz Mustersatzung erst einmal beim zuständigen Finanzamt anzufragen.

Muster einer Satzung eines Gemeinnützigen Baseball-Vereins

§ 1 Name und Sitz

1. Der am ....:. in .... gegründete Verein führt den Namen
Baseball-Verein .... mit dem Zusatz e.V. nach der Eintragung und hat seinen Sitz in ....

§ 2 Zweck

1. Der Verein bezweckt die Pflege und Ausübung des Baseball-Sports, sowie dessen Verbreitung.
2. Der Verein verfolgt ausschließlich und unmittelbar gemeinnützige Zwecke im Sinne des Paragraphen 52 der Abgabeordnung, indem er den Baseball-Sport auf freiwilliger Grundlage fördert.
3. Der Verein ist selbstlos tätig; er verfolgt nicht in erster Linie eigenwirtschaftliche Zwecke. Mittel des Vereins dürfen nur für die satzungsmäßigen Zwecke verwendet werden. Die Mitglieder erhalten keine Zuwendungen aus Mitteln des Vereins. Es darf keine Person durch Ausgaben, die dem Zweck des Vereins fremd sind, oder durch unverhältnismäßige Vergütungen begünstigt werden.

§ 3 Mitgliedschaft. Eintritt

1. Mitglied des Vereins kann jede natürliche und juristische Person werden. Über die Aufnahme entscheidet der Vorstand.
2. Wer die Mitgliedschaft erwerben will, hat an den Vorstand ein schriftliches Aufnahmegesuch zu richten.
3. Mit der Beitrittserklärung erkennt das neue Mitglied die Satzung des Vereins und die Satzungen der übergeordneten Verbände an.
4. Die Mitglieder werden beim Baseball und Softball Verband NRW e.V. versichert.

113

§ 4 Mitgliedschaft. Verlust

1. Die Mitgliedschaft erlischt durch Tod oder Ausschluß aus dem Verein. Die Austrittserklärung ist schriftlich an den Vorstand zu richten.

2. Der Austritt ist jederzeit möglich.

3. Ein Mitglied kann, nach vorheriger Anhörung, vom Vorstand aus dem Verein ausgeschlossen werden:

a) wegen erheblicher Nichterfüllung satzungsmäßiger Verpflichtungen;

b) wegen Zahlungsrückstand mit Beiträgen von mehr als drei Monatsbeiträgen trotz Mahnung;

c) wegen eines schweren Verstoßes gegen die Interessen des Vereins oder groben unsportlichen Verhaltens;

d) wegen unehrenhafter Handlungen.

§ 5 Maßregelungen

1. Gegen Mitglieder, die gegen die Satzung oder Anordnungen des Vorstandes verstoßen, können nach vorheriger Anhörung vom Vorstand folgende Maßnahmen verhängt werden:

a) Verweis;

b) angemessene Geldstrafe;

c) zeitlich begrenztes Verbot der Teilnahme am Sportbetrieb und den Veranstaltungen des Vereins.

§ 6 Beiträge und sonstige Pflichten

1. Der monatliche Mitgliedsbeitrag sowie außerordentliche Beiträge werden jährlich von der Mitgliederversammlung festgelegt.

2. Die Mitglieder erhalten keine Gewinnanteile und in ihrer Eigenschaft als Mitglieder auch keine sonstigen Zuwendungen des Vereins. Die von der Mannschaft gewonnenen Preise werden Eigentum des Vereins.

3. Jedes Mitglied hat die von einer ordentlichen Jahresversammlung beschlossene Sportkleidung und Mindestausrüstung innerhalb von drei Monaten anzuschaffen.

§ 7 Organe und Einrichtungen

1. Organe des Vereins sind:
a) die Mitgliederversammlung;
b) der Vorstand.
2. Auf Beschluß der Mitgliederversammlung können weitere organisatorische Einrichtungen, insbesondere Ausschüsse mit besonderen Aufgaben geschaffen werden.

§ 8 Vorstand

1. Der Vorstand im Sinne des Paragraphen 26 des BGB besteht aus dem 1. Vorsitzenden, dem stellvertretenden Vorsitzenden und dem Schriftführer.
2. Der Verein wird gerichtlich und außergerichtlich durch zwei Mitglieder des Vorstandes, darunter der 1. Vorsitzende oder der stellvertretende Vorsitzende, vertreten.
3. Die Wahl des Vorstandes erfolgt durch die Mitgliederversammlung auf die Dauer von zwei Jahren. Eine Wiederwahl ist zulässig. Der Vorstand bleibt jedoch auch nach Ablauf der Amtszeit solange im Amt, bis ein neuer Vorstand gewählt ist.
4. Der Vorstand führt die Geschäfte ehrenamtlich.

§ 9 Mitgliederversammlung

1. Die in den ersten drei Monaten jeden Jahres stattfindende ordentliche Mitgliederversammlung beschließt über die Beiträge, die Entlastung des Vorstandes, die Wahl des Vorstandes und über Satzungsänderungen.
2. Eine außerordentliche Mitgliederversammlung ist auf Verlangen des Vorstandes oder eines Viertels der Mitglieder einzuberufen.
3. Die Einberufung zu allen Mitgliederversammlungen erfolgt durch den Vorstand mit einer Frist von einer Woche schriftlich unter Bekanntgabe der Tagesordnung.
4. Die Mitgliederversammlung ist ohne Rücksicht auf die Zahl der erschienenen Mitglieder beschlußfähig. Sie beschließt mit einfacher Mehrheit.

§ 10 Niederschrift

1. Über die Mitgliederversammlung ist eine vom Vorsitzenden oder seinem Stellvertreter und vom Schriftführer oder von einem von der Versammlung gewählten Protokollführer zu unterzeichnende Niederschrift aufzunehmen.

§ 11 Kassenprüfung

1. Die Kasse des Vereins wird in jedem Jahr durch zwei von der Mitgliederversammlung des Vereins gewählte Kassenprüfer geprüft.

2. Die Kassenprüfer erstatten der Mitgliederversammlung einen Prüfungsbericht und beantragen bei ordnungsgemäßer Führung der Kassengeschäfte die Entlastung des Kassenwarts.

3. Das Geschäftsjahr ist das Kalenderjahr.

§ 12 Auflösung

1. Die Auflösung kann nur in einer besonderen, zu diesem Zweck mit einer Frist von einem Monat einzuberufenden außerordentlichen Mitgliederversammlung mit einer Mehrheit von drei Vierteln der anwesenden Mitglieder beschlossen werden.

2. Bei der Auflösung des Vereins oder bei Aufhebung bzw. Wegfall seines Zweckes fällt sein Vermögen an den Baseball und Softball Verband NRW e.V. mit der Zweckbestimmung, daß dieses Vermögen unmittelbar und ausschließlich zur Förderung des Baseball-Sports verwendet werden darf.

3. Das Vermögen darf den Anfallberechtigten nicht vor Ablauf eines Jahres nach Bekanntmachung des Auflösungsbeschlusses und erst nach Einwilligung des Finanzamtes überantwortet werden.

Die vorstehende Satzung wurde von der Mitgliederversammlung genehmigt.

Der Verein ist in das Vereinsregister des Amtsgerichts .... einzutragen.

.... , den ....
Unterschriften von mindestens 7 volljährigen Mitgliedern.

Muster eines Gründungsprotokolls

Heute, am ...., ... Uhr erschienen in ....,
.... straße ....., auf Einladung der Herren A und B
25 Personen zur Beschlußfassung über die Gründung eines
Baseball-Sportvereins. Herr A begrüßte die Erschienenen
und erläuterte den Zweck der Versammlung. Durch Zuruf
wurden Herr A zum Versammlungsleiter und Herr B zum
Protokollführer gewählt; sie nahmen die Ämter an. Herr A
schlug sodann folgende Tagesordnung vor:

— Aussprache über die Gründung eines Baseball-Sport-
  vereins;
— Beratung und Feststellung der Vereinssatzung;
— Wahl des Vorstandes;
— Verschiedenes.

Gegen die Tagesordnung wurde kein Widerspruch erhoben.
Die Herren C und A erläuterten die Notwendigkeit der
Gründung eines Baseball-Sportvereins, insbesondere im
Hinblick auf die Erlangung finanzieller Unterstützung für die
Errichtung und den Betrieb sportlicher Einrichtungen. Herr C
verteilte den Satzungsentwurf, der im einzelnen durchge-
gangen und erörtert wurde. Der anliegenden Satzung stimm-
ten alle Anwesenden durch Handzeichen zu. Herr A stellte
fest, daß damit der Baseball-Sportverein » .... «
gegründet ist und forderte alle anwesenden Mitglieder auf,
die Satzung zu unterzeichnen. Daraufhin unterzeichneten
alle Versammlungsteilnehmer die Satzung. Aus dem Kreis
der Versammlung wurden die Herren A, B und C als Vorstandsmitglieder vorgeschlagen. Daraufhin legte Herr A die
Versammlungsleitung nieder, die auf Zuruf Herr D übernahm. Die Wahl der Vorstandsmitglieder wurde durch
Handzeichen durchgeführt. Bis auf jeweils eine Enthaltung
wurden mit jeweils 24 Ja-Stimmen zu Vorstandsmitgliedern
gewählt:

Vorsitzender: Name (Beruf, Anschrift)
Stellv. Vorsitzender: Name (Beruf, Anschrift)
Kassenwart und Schriftführer: Name (Beruf, Anschrift).

Alle Gewählten erklärten, daß sie die Wahl annehmen. Herr A übernahm wieder die Versammlungsleitung. Sodann wurden die nächsten Schritte für die Aufnahme der Vereinstätigkeit erörtert. Auf Vorschlag von Herrn E wurde durch Handzeichen einstimmig beschlossen, daß der Vorstand bis zur Eintragung des Vereins in das Vereinsregister nur die Rechtsgeschäfte vornehmen darf, die zur Erlangung der Rechtsfähigkeit des Vereins erforderlich sind. Herr A schloß um .... Uhr die Versammlung.

(........................., den ....)

Unterschrift Protokollführer

Unterschrift Vorsitzender

(Satzung und Protokoll ohne Gewähr! Anforderungen, speziell zur Gemeinnützigkeit, können von Bundesland zu Bundesland verschieden sein!)

Adressen

Dachverband

Deutscher Baseball und Softball Verband e. V.
Feldbergstr. 28, 55118 Mainz
Tel.: 0 61 31/61 82 50, Fax: 0 61 31/61 86 50

Landesverbände

Baden-Württembergischer Baseball
und Softball Verband
Jan van den Berg
Filderbahnstr. 62, 70794 Filderstadt
Tel.: 07 11/70 56 82, Fax: 07 11/80 24 18

Bayerischer Baseball und Softball Verband
Geschäftsstelle
Rennweg 27, 93049 Regensburg
Tel.: 09 41/3 13 80, Fax: 09 41/3 73 36

Baseball- und Softballverband Berlin-Brandenburg
c/o Klaus Becker
Malplaquetstr. 10, 13347 Berlin
Tel. u. Fax: 0 30/4 56 77 28

Hamburger Baseball und Softball Verband
Geschäftsstelle
Schäferskampallee 1, 20357 Hamburg
Tel. u. Fax: 0 40/5 59 55 94

Hessischer Baseball und Softball Verband
Geschäftsstelle
Bismarckstr. 114, 64293 Darmstadt
Tel.: 061 51/89 72 00, Fax: 061 51/89 72 01

Niedersächsischer Baseball und
Softball Verband
Jeff Burke
Auf dem Berge 63, 27777 Ganderkesee
Tel.: 042 22/22 88, Fax: 042 22/68 34

Baseball und Softball Verband
Nordrhein-Westfalen
Geschäftsstelle
Kölner Str. 29a, 58256 Ennepetal
Tel.: 023 33/8 95 54, Fax: 023 33/8 88 15

Südwestdeutscher Baseball und
Softball Verband
Harry Diefenbach
Rehbachstr. 40, 67141 Neuhofen
Tel. u. Fax: 062 36/5 63 36

Schleswig-Holsteinischer Baseball
und Softball Verband
Geschäftsstelle
c/o Siegfried Bicker
Bachstr. 19, 22941 Bargteheide
Tel.: 045 32/33 72

Einige Fachgeschäfte, die Baseball-Ausrüstung anbieten

American Sports
Sportartikel Vertriebs-GmbH
Gasstr. 18, Haus 2, 22761 Hamburg
Tel.: 0 40/89 50 21-22, Fax: 0 40/8 90 30 02

Barney's Sporting Goods GmbH
Baseball-Equipment
Elbchaussee 6–8, 22765 Hamburg
Tel.: 0 40/3 90 28-21/-39, Fax: 0 40/3 90 28 52

Diamond Sports
Baseball/Softball Equipment
Wilhelm-von-Diez-Str. 7, 95448 Bayreuth
Tel.: 09 21/2 02 85, Fax: 09 21/2 02 74

(Organisieren außerdem Trainingslager:)
Flint's US-Sport's-Service
Veranstaltung und Vermittlung von Trainingslagern
für Vereine, Schulen u. Firmen
Einsteinstr. 23, 41464 Neuss
Tel.: 0 21 31/98 98 -18/-19, Fax: 0 21 31/98 98 01

Glossar

Ace reliever
Ist der Star unter den Pitchern einer Mannschaft (siehe auch Relief pitcher).

Ahead of the count
Hat ein Batter weniger Strikes als Balls, so ist er ahead of the count.

All-Star-Game
Ein Spiel in der Mitte der amerikanischen Baseball-Saison, bei dem die besten Spieler der National League zusammen in einer Mannschaft gegen die beste Auswahl der American League spielen.

Appeal
Ein Aufruf an den Schiedsrichter durch einen defensiven Spieler, daß ein offensiver Spieler eine Regelwidrigkeit begangen hat.

Arond-the-horn
Doubleplay vom Third baseman zum Second baseman und wieder zum Third baseman.

Assist
Ein Assist wird einem Feldspieler angerechnet, der durch seine Handlung seinen Teamkollegen ein out ermöglicht hat.

At bat (AB)
Jedesmal, wenn ein Spieler zum Schlagen am Home Plate steht, bekommt er in seiner Statistik ein At bat gutgeschrieben.

Average
Der Durchschnitt, der in irgendeiner Form die Leistung eines Spielers widerspiegelt (siehe auch ERA).

Back up
Die Feldspieler unterstützen und sichern sich gegenseitig ab. Wenn zum Beispiel der Second baseman in Begriff ist, einen langen Ball aus dem Outfield zu fangen, spielt der Shortstop Back up, das heißt er stellt sich etwas hinter den Second baseman und kann so den Ball aufhalten, falls der Second baseman diesen nicht fangen kann.

Balk
Ein Regelverstoß des Pitchers, bei dem alle Runner an den Bases ein Base vorrücken dürfen. Die häufigsten Arten von Balks sind:

123

a) wenn der Pitcher plötzlich beim Werfen zum Catcher bzw. Batter den Wurf abbricht

b) wenn der Pitcher nach dem Wurf nicht vollkommen zum Stillstand kommt, beispielsweise wenn er durch seinen eigenen Schwung zu Fall kommt

c) wenn dem Pitcher der Ball aus der Hand fällt, während er das Pitcher's plate berührt.

Ball
Ein Fehler des Pitchers, wenn dieser beim Wurf die Strike zone verfehlt und der Batter nicht geschlagen hat. Wirft der Pitcher vier Balls, so darf der Batter zum ersten Base gehen (siehe auch Base on balls und Walk).

Baltimore chop
Ein Ball, der schon nach kurzer Flugzeit auf den Boden prallt und über den Kopf eines Feldspielers springt.

Base coach
Die Base coaches stehen am ersten und dritten Base in den Coach's boxes und geben den Runnern Zeichen, ob sie noch ein Base vorrükken können oder lieber an ihrem Base stehenbleiben sollen. Außerdem gibt er noch Signale für den Batter. Ein Base coach muß den gleichen Dress tragen wie seine Teamkollegen (siehe auch Coach's« box).

Base hit (BH)
Ein Base hit ist jeder Schlag, mit dem der Batter mindestens das erste Base erreicht.

Base lines
Die Base lines sind praktisch die Seitenaus-Linien und begrenzen das In- und Outfield. Sie erstrecken sich vom Home plate über das erste Base bis zum Outfield-Ende und vom Home plate über das dritte Base bis zum Outfield-Ende.

Base on balls (Walk) (BB)
Wirft der Pitcher vier »Balls«, so darf der Batter zum ersten Base (siehe auch »Walk« und »Ball«).

Base sticker
Ein Runner, der immer sehr nah am Base bleibt.

Bases
Die Bases sind die weißen Laufmale an den Ecken des Infields.

Bat
Als »Bat« bezeichnet man den Baseballschläger.

Batter
Die Schlagmänner der Offensivmannschaft werden Batter oder auch Hitter genannt.

Batter's box
Mit Kreide auf dem Boden markierte rechteckige Felder neben dem Home plate, in denen der Batter beim Schlagen stehen muß.

Batter's gloves
Weiche Lederhandschuhe, die der Batter beim Schlagen trägt.

Battery
Der Pitcher und der Catcher bilden zusammen die Battery.

Batting order
Die Schlagreihenfolge, in der die Batter der Offensivmannschaft schlagen müssen.

Beanball
Ein Ball, der vom Pitcher direkt an den Kopf des Batters geworfen wird. So ein Wurf ist sehr gefährlich und verboten.

Behind the count
Hat ein Batter mehr Strikes als Balls, so ist er Behind the count.

Behind the runner
Wenn ein Runner an einem Base steht, versuchen die Batter oft den Ball hinter dem Runner vorbeizuschlagen.

Bench oder auch Dugout
Die Reservebank, wo sich die Spieler, Coaches und Manager aufhalten, die nicht direkt am Spielgeschehen teilnehmen, wird »Bench« oder »Dugout« genannt.

Bingle
Siehe Single.

Bleachers
Die billigsten Plätze in einem Baseball-Stadion. Die Zuschauer sitzen dort im direkten Sonnenlicht und werden »gebleicht« (bleichen → engl. to bleach).

Box score
Tabellen oder Statistiken, die in den Zeitungen abgedruckt sind und Auskunft geben über Spielverlauf und Leistungen der einzelnen Spieler.

Breaking pitch
Ein Wurf, der seine Richtung ändert, wenn er übers Home Plate kommt.

Bull pen
Ein Bereich im Foul-territory, meist hinter dem Outfieldzaun, wo sich die Relief pitcher für den Einsatz aufwärmen.

Bunt
Leicht und nah an die Base lines geschlagener Ball ins Infield.

Called game
Ein Spiel, das aus irgendwelchen Gründen vom Chefschiedsrichter abgebrochen wurde.

Can of corn
Ein hochgeschlagener Ball, der einfach gefangen werden kann.

Catch
Ein Ball, der von einem Feldspieler direkt aus der Luft gefangen wird, ohne daß der Ball den Boden vorher berührt hat.

Catcher's box
Der Raum, in dem sich der Catcher aufhalten muß, wenn der Pitcher den Ball loswirft.

Choke hitter
Hitter, die den Baseballschläger einige Zentimeter über dem Knauf halten.

Coach
Ein Coach ist ein Trainer.

Coach's box
Die Coach's box ist ein rechteckiges Feld in der Nähe des ersten und dritten Bases, in dem jeweils der Base coach steht.

Contact hitter
Ein Hitter, der zufrieden ist, wenn er das erste Base erreicht, statt auf Weite zu schlagen.

Count
Der Count gibt die »Balls« und »Strikes« an beim Duell Pitcher gegen Batter. Es wird immer zuerst die Anzahl der Balls angegeben und dann die der Strikes. Zum Beispiel bedeutet ein Count von »3 and 2« 3 Balls und 2 Strikes.

Crowding the plate
Steht ein Batter beim Schlagen sehr nah am Home plate, so nennt man dies Crowding the plate.

Curveball
Ist eine Wurfart des Pitchers. Der Curveball hat eine gekrümmte Flugbahn.

Cutoff man
Muß über weite Distanzen geworfen werden, wird diese Strecke in zwei oder mehrere Teile eingeteilt. Das geht erstens schneller, und zweitens erfordert es nicht so viel Wurfkraft. Der Cutoff man stellt sich also zwischen Absender und Empfänger des Balles. Nachdem er vom Absender den Ball empfangen hat, wirft er ihn blitzschnell weiter zum Empfänger.

Dead ball
Der Ball ist tot, das heißt er ist vom Schiedsrichter nicht zum Spiel freigegeben, beispielsweise während einer Spielunterbrechung oder bei Regelwidrigkeiten (Balk).

Defense
Die Defense ist das defensive Team, also die Feldmannschaft.

Designated hitter
In der Batting order derjenige Hitter, der für den Pitcher schlägt.

Diamond
Bezeichnung für das Infield, aber auch für das gesamte Spielfeld.

Double
Schafft es der Batter, mit seinem Schlag bis zum zweiten Base zu kommen, so ist dies ein Double.

Doubleheader
Zwei Baseball-Spiele, die unmittelbar nacheinander ausgetragen werden.

Double play
Gelingt es den Fieldern, zwei Runner auf einmal out zu machen, so wird dies »Double play« genannt.

Dugout
siehe Bench

Earned runs average (ERA)
Durchschnittliche Anzahl an Runs, die der Pitcher, auf neun Innings hochgerechnet, an die gegnerische Mannschaft verloren hat. Der ERA ist der Maßstab für die Leistung eines Pitchers.

Erned runs (ER)
Jeder Run, der vom Gegner auch ohne eventuelle Fehler der Feldmannschaft erzielt worden wäre. War die Möglichkeit zum dritten out gegeben, ohne daß sie von der Feldmannschaft genutzt werden konnte, so zählen die darauffolgenden Runs nicht mehr als ER.

Emery ball
Ein Ball, dessen Oberfläche verbotenerweise angerauht wurde.

Error
Fehler eines Feldspielers. Wird beispielsweise ein Ball nicht gefangen oder rollt er aus dem Fanghandschuh, so ist dies ein Error. Auch ein »Wild pitch« ist ein Error.

Fair territory
Das Gebiet zwischen den Base lines vom Home plate bis zum Zaun am Ende des Outfields.

Fastball
Eine sehr schnelle Wurfart.

Feet first
Rutscht ein Runner mit den Füßen zuerst an ein Base, so ist dies ein Feet first.

Fielder
Jeder Feldspieler der Defensivmannschaft. Der Pitcher ist kein Fielder, wenn der das Pitcher's plate berührt. Berührt er es nicht, so ist auch er ein Fielder.

Fielder's choice
Befinden sich mehrere Runner auf dem Weg um die Bases und ein Fielder kommt in Ballbesitz, so kann er wählen, welchen Runner er out macht bzw. out wirft.

Fly ball
Ein Ball, der hoch in die Luft geschlagen wurde.

Force out
Ist ein Runner gezwungen vorzurücken, weil ein anderer Runner nachrückt, und wird er dadurch out, handelt es sich um ein »Force out«.

Force play
Sind die Runner gezwungen vorzurücken wie beim Force out, so heißt dies »Force play«, unabhängig davon, ob ein out erzielt wurde oder nicht.

Forfeited game
Verstößt ein Team erheblich gegen die Spielregeln, so kann der Chefschiedsrichter das Spiel zugunsten des anderen Teams abbrechen. Der Spielstand eines Forfeited games ist dann 9-0. In folgenden Situationen würde der Chefschiedsrichter auf »Forfeited game« entscheiden:
a) wenn eine Mannschaft absichtlich versucht, ein Spiel zu verzögern oder frühzeitig zu beenden
b) wenn ein Team nicht bereit ist, pünktlich zum zweiten Spiel eines Doubleheader anzutreten oder nicht antreten will
c) wenn eine Mannschaft, fünf Minuten nachdem der Schiedsrichter das Spiel freigegeben hat, nicht bereit ist zu spielen oder nicht spielen will
d) wenn ein Team das Spiel nach einer Unterbrechung innerhalb einer Minute nicht wieder aufnimmt
e) wenn eine Mannschaft nicht in der Lage ist, neun Feldspieler zu stellen oder dies nicht will
f) wenn eine Mannschaft auch nach mehreren Ermahnungen wiederholt gegen die Regeln verstößt
g) wenn das Spielfeld des Home teams nach Einschätzung des Schiedsrichters nicht bespielbar ist.

Foul ball
Ein geschlagener Ball, der im Foul territory landet, sowie jeder Ball, der vor dem ersten oder vor dem dritten Base ins Foul territoy rollt.

Foul lines
Siehe Base lines.

Foul territory
Ist das restliche Gebiet außerhalb des Fair territory. Das Foul territory ist eine Art »Aus«.

Foul tip
Ein Ball, der vom Schläger des Batters abspringt und direkt in den

Fanghandschuh des Catchers fliegt. Jeder Foul tip zählt als Strike, solange der Catcher den Ball nicht fallen läßt.

Four and a half inning rule
Liegt ein Team nach 4½ Innings mit 10 Punkten in Führung, ist das Spiel zu Ende.

Fullswing
Schwingt der Batter den Schläger beim Schlagen vollständig herum, so ist dies ein Fullswing. Jeder Fullswing nach dem Ball, bei dem der Ball nicht getroffen wurde, ist ein Strike.

Glove
Den Fanghandschuh des Fielders nennt man auch Glove (siehe »Mitt«).

Grand slam
Sind alle Bases mit Runnern besetzt und der kommende Batter schlägt einen Home run, so zählt das vier Punkte (3 Punkte von den Runnern an den Bases plus einen Punkt durch den Batter). Diesen Spielzug nennt man »Grand slam« – das Beste, was einem Batter passieren kann.

Grass cutter
Ein schnell über den Rasen rollender Ball.

Ground ball
Ein über den Boden rollender Ball.

Halfswing
Schwingt der Batter den Schläger beim Schlagen nicht vollständig, sondern nur bis zur Hälfte herum, so ist dies ein Halfswing. Die Umpire entscheiden jeweils, ob der Schlag als Fullswing oder als Halfswing gilt.

Handcuffed
Kann ein Batter den Schläger nicht richtig herumschwingen, da der Pitcher den Ball sehr nah an den Körper geworfen hat, so sagt man, der Batter ist »handcuffed«.

Head first
Wenn der Runner zuerst mit dem Kopf an ein Base rutscht.

Hit
Siehe Base hit.

Hit and run
Wenn ein Runner bereits zum nächsten Base losläuft, während der Pitcher den Ball zum Catcher bzw. Batter loswirft.

Hitter
Den Schlagmann nennt man auch Hitter (siehe Batter).

Home base
Eine weiße, fünfeckige Gummiplatte, an der der Batter zum Schlagen steht.

Home plate
Siehe Home base.

Home run
Schlägt der Batter den Ball zwischen dem ersten und dritten Base aus dem Spielfeld heraus, beispielsweise in die Zuschauertribüne, so kann der Batter alle Bases auf einmal umlaufen und erzielt bei Ankunft am Home plate einen Run bzw. einen Punkt.

Home team
Das Home Team ist das gastgebende Team. Die erste Defensive wird immer zuerst vom Home Team gebildet, das damit der Gastmannschaft die erste Offensive überläßt.

Hot corner
So wird auch das dritte Base genannt.

Illegal hit
Ein nicht erlaubter Schlag, beispielsweise wenn der Batter mit einem oder beiden Beinen außerhalb der Batter's box steht.

Illegal pitch
Eine regelwidrige Wurfaktion des Pitchers. Ein Illegal pitch liegt zum Beispiel vor:
a) wenn der Pitcher den Ball so schnell hintereinander wirft, daß der Batter keine Zeit hat sich vorzubereiten (siehe Quick return pitch)
b) wenn der Pitcher zum Batter wirft, ohne das Pitcher's plate zu berühren
c) bei einem Balk.

Infield
Das Infield ist das innere Feld, welches durch das Quadrat mit den Bases an den Ecken gebildet wird (siehe auch Diamond).

Infield fly
Sind noch keine zwei »Outs« erzielt und das erste und zweite oder alle Bases besetzt und der Batter schlägt den Ball hoch in die Luft, so daß ihn ein Infielder fangen kann, so ist der Batter out, egal ob der Infielder den Ball wirklich gefangen hat oder nicht.

Inning
Ein Inning ist ein Spieldurchgang. Es ist beendet, nachdem jedes Team einmal Feld- und einmal Schlagmannschaft war.

Interference
Ein Interference ist eine Behinderung eines Spielers. Zum Beispiel:
a) wenn der Catcher auf irgendeine Weise behindert wird
b) wenn ein Spieler der Feldmannschaft den Batter beim Schlagen behindert

c) wenn ein Spieler der Feldmannschaft einen Runner beim Laufen behindert

d) wenn ein Spieler der Schlagmannschaft einen Fielder beim Spielen behindert.

Iron mike
So nennt man auch eine Pitching-Maschine.

Jamming
Siehe Handcuffed.

Jump
Als »Jump« wird die Entfernung bezeichnet, die sich ein Runner von seinem Base in Richtung nächstes Base entfernt, um ein Stolen base zu versuchen.

Keystone sack
So wird auch das zweite Base genannt.

Lead
Als Lead wird die Entfernung bezeichnet, die sich ein Runner von seinem Base in Richtung nächstes Base entfernt, um schon einen kleinen Vorsprung zu gewinnen.

Lead off man
Der erste Batter in der Batting order.

Lead runner
Als Lead runner wird der Runner bezeichnet, der auf seinem Weg zum Home plate am weitesten gekommen ist. Stehen beispielsweise Runner am ersten und dritten Base, so ist der am dritten Base der Lead runner.

Letter high
So bezeichnet man einen Wurf des Pitchers, der den Batter in Höhe seiner Trikotbeschriftung erreicht.

Line drive
Ein geschlagener Ball, der parallel zum Boden fliegt.

Lineup
Die Mannschaftsaufstellung.

Lollipop
Ein sehr leicht geworfener Ball.

Manager
Der Manager ist für das Team verantwortlich und trifft alle für Aufstellung und Taktik relevanten Entscheidungen.

Mitt
So bezeichnet man auch die Fanghandschuhe (siehe auch Glove).

Mount
Der Mount ist ein kleiner Hügel, von dem aus der Pitcher wirft.

Mud ball

Ein mit Schmutz eingeriebener Ball. Das ist ebenso verboten wie alle anderen Manipulationen am Ball, die dazu dienen sollen, dessen Oberfläche anzurauhen, um den Drall beim Wurf noch zu verstärken.

Next batter's box

Der Bereich außerhalb des eigentlichen Spielfelds, in dem der in der Schlagfolge nächste Batter auf seinen Einsatz wartet.

Obstruction

Behinderung eines Offensivspielers durch einen Feldspieler, der einen Runner beim Laufen behindert, ohne den Ball zu fangen.

Offense

Das offensive Team, also die Schlagmannschaft.

Opposite field hitter

Ein rechtshändiger Hitter, der den Ball rechts am zweiten Base vorbeischlägt bzw. ein linkshändiger Hitter, der den Ball links am zweiten Base vorbeischlägt. Beide schlagen den Ball also in die gegenüberliegende Spielfeldhälfte.

Out

Ein offensiver Spieler ist out, also für die jeweilige Spielsituation ausgeschieden, wenn:

a) der Batter drei Strikes hat (Strike out)

b) ein Fielder den geschlagenen Ball direkt aus der Luft fängt

c) ein Infield fly geschlagen wurde

d) ein Runner zwischen zwei Bases von einem Fielder in Ballbesitz berührt wird

e) bei einem Force play der jeweilige Baseman früher in Ballbesitz kommt, als der Runner dieses Base erreichen (berühren) kann

f) ein Interference vorliegt.

Ein Spieler, der out gemacht worden ist, verläßt das Spielfeld und wartet auf der Spielerbank, bis er wieder am Schlag ist.

Outfield

Die Spielfläche außerhalb des Infields, begrenzt durch die Foul lines und den Outfield-Zaun.

Outfielder

Der Centerfielder, Rightfielder und Leftfielder werden auch als »Outfielder« bezeichnet.

Overrun

Wenn ein Runner mit so hoher Geschwindigkeit auf ein Base zuläuft, daß er am Base noch nicht vollständig zum Stillstand gekommen ist und so den Kontakt mit dem Base nicht halten kann.

Passed ball
Ein vom Pitcher geworfener Ball, der vom Catcher nicht gefangen oder aufgehalten wird. Die Runner können dann auf eigenes Risiko vorrücken. Ein Passed ball ist ein Fehler des Catchers.

Penalty
Die Strafe die nach einer Regelwidrigkeit vom Schiedsrichter verhängt wird.

Pepper game
Eine Übung zum Aufwärmen, bei der dem Batter schnell hintereinander Bälle zugeworfen werden, die er zurückbuntet (siehe auch Bunt).

Pick off
Berührt ein Runner nicht sein Base und wird er von einem Fielder in Ballbesitz berührt, so ist der Runner out. Meistens ergibt sich ein Pick off, wenn sich der Runner schon etwas zum nächsten Base entfernt (Lead).

Pinch hitter
Ein Hitter, der eingewechselt wird, um für einen anderen Hitter zu schlagen.

Pinch runner
Ein Spieler, der eingewechselt wird, um für einen bereits an einem Base stehenden Runner zu laufen.

Pitch
So wird der korrekte Wurf zum Batter genannt.

Pitcher
Der Pitcher ist der Spieler der Defensivmannschaft, der dem Batter den Ball zuwirft.

Pitcher's plate
Eine rechteckige Gummiplatte, die der Pitcher beim Pitch berühren muß.

Pitchout
Wenn der Pitcher absichtlich weit an der Strike zone vorbeiwirft, so daß der Batter nicht nach dem Ball schlägt und der Catcher ein Pick off spielen oder ein Stolen base verhindern kann. Das Pitchout ist aber auch eine taktische Variante, bei der der Pitcher absichtlich vier Balls wirft, um einen guten Batter nicht zum Schlag kommen zu lassen.

Pivot foot
Der Fuß des Pitchers, der während des Pitchs das Pitcher's plate berührt. Bei Rechtshändern ist der rechte Fuß der Pivot foot und bei Linkshändern der linke.

Pivot man
Der Feldspieler, der bei einem Versuch eines Double plays den ersten Spieler out macht.

Play ball
Der Ausruf des Chef-Schiedsrichters, mit dem das Spiel freigegeben ist.

Pop fly
Ein Pop fly ist ein nicht sehr weit, aber dafür hoch geschlagener Ball.

Putout
Für jeden Spieler der Offensivmannschaft, den ein Fielder out gemacht hat, erhält der Fielder in seiner Box score oder Statistik ein Putout.

Quick return pitch
Der Pitcher wirft dem Batter den Ball so schnell hintereinander zu, daß dieser keine Zeit hat, sich auf den Schlag vorzubereiten.

Rain check
Ein Gutschein für ein Spiel, das wegen widriger Witterung abgebrochen oder verschoben wurde.

Relay
Wie der Cutoff man eine Zwischenstation zur Überwindung großer Weiten, meist bei Würfen aus dem Outfield.

Relief pitcher
Die Relief pitcher sind jene Pitcher, die während des Spiels eingewechselt werden. Da über ihren Einsatz vom Manager entschieden wird, bieten sie diesem eine Reihe von taktischen Möglichkeiten.

Retouch
Der gestartete Runner erkennt, daß er kaum Chancen hat, zum nächsten Base vorrücken zu können, ohne out gemacht zu werden, und kehrt zu seinem Ausgangsbase zurück und berührt es wieder.

Reversed force double play
Ein Double play, bei dem der erste Runner durch ein Force play und der zweite durch Berühren (Tagout) out gemacht werden.

Rookie
Ein neuer Spieler, der sein erstes Jahr in der Liga spielt.

Rubber
So wird auch das Pitcher's plate genannt.

Run
Ein Run ist ein Punkt, der erzielt wird, wenn ein Runner, nachdem er alle Bases berührt hat, wieder das Home plate erreicht und nicht out ist.

Run down
Ein Spielzug, bei dem die Fielder einen Runner, der zwischen zwei Bases hin und her läuft, out machen.

Runner
Jeder Batter bzw. Hitter wird nach seinem Schlag zum Runner, denn er muß nun um die Bases laufen.

Runs batted in (RBI)
Jedesmal, wenn durch den Schlag des Batters ein Runner einen Run

bzw. Punkt erzielen kann, bekommt der Batter ein RBI in seiner Statistik gutgeschrieben.

Sacrifice
Ein geschlagener Ball, bei dem der Hitter in Kauf nimmt, out gemacht zu werden, um einem oder mehreren Runnern an den Bases die Möglichkeit zu geben, zum Home plate zu laufen und zu punkten.

Sacrifice fly
Ein bewußt geschlagener Fly ball, bei dem der Batter out ist, aber die Runner an den Bases weiter vorrücken können.

Safe
Ist ein Runner nicht out, so ist er safe. Wenn der Runner beispielsweise ein Base erreicht, bevor der dortige Baseman in Ballbesitz ist, so ruft auch der Base umpire »Safe!«

Scoreboard
Große Anzeigetafeln in den Stadien, die den Spielstand, Balls, Strikes usw. anzeigen. Meistens gibt es mehrere davon, die zusätzlich Informationen zu den einzelnen Spielern geben und sogar besonders interessante Aktionen in Zeitlupe zeigen.

Scoring position
Ein Runner auf dem zweiten oder dritten Base ist in Scoring position, d. h., daß er unmittelbar die Möglichkeit hat, beim nächsten Schlag einen Punkt zu erzielen.

Screwball
Ein Pitch, der auf dem Weg zum Batter im Wind abdriftet und abdreht.

Set ups
Die Set ups sind eine der zwei Arten von Relief pitchern.

Seventh inning stretch
Eine mehr als hundert Jahre alte Tradition, bei der sich die Zuschauer in der Mitte des siebten Innings von den Sitzen erheben, sich erfrischen und die Beine strecken um fit zu sein für die letzten spannenden Innings.

Single
Ein Single ist ein Schlag, der es dem Batter ermöglicht, bis zum ersten Base zu kommen (siehe auch Bingle).

Single hitter
Ein Batter, der meistens nur das erste Base erreicht (siehe auch Single).

Sinker
Ein Pitch, der auf seinem Flug zum Home plate an Höhe verliert.

Slide
Das Rutschen eines Runners an ein Base.

Slider
Eine Art Fastball, der von seiner eigentlichen Flugbahn seitlich abdriftet, kurz bevor er den Batter erreicht.

Spin
Der Spin ist die Eigendrehung des Balles.

Spitball
Spuckt der Pitcher auf den Ball, um den Ball glitschig und schlüpfrig zu machen, so daß er vom Schläger abspringt, so wird dieser Ball als Spitball bezeichnet. Dies ist ebenso verboten wie jede andere Manipulation des Pitchers am Ball.

Squeeze play
Ein taktischer Schachzug des Managers, bei dem der Batter versucht, dem am dritten Base stehenden Runner zum Punkten zu verhelfen. Das geschieht meist in Form eines Bunts nahe der Base line zum ersten Base.

Straight away hitter
Ein Hitter, der meistens ins mittlere Outfield (Centerfield) schlägt.

Statistik
Siehe Box score.

Stolen base
Wenn ein Runner zum nächsten Base vorrückt, ohne daß der Batter geschlagen hat, so ist dies ein Stolen base. Ein Stolen base ist erlaubt, sobald der Pitcher den Ball im Handschuh hat und das Rubber berührt.

Strike
Ein vom Pitcher geworfener Ball, der durch die Strike zone geht und vom Batter nicht geschlagen oder getroffen wurde. Nach drei Strikes ist der Batter out. Außerdem wird ein Strike gegeben, wenn:
a) der Hitter den Ball nicht trifft oder nicht nach ihm schlägt, obwohl der Ball in der Strike zone war
b) der Batter nach dem Ball schlägt, obwohl der Ball nicht in der Strike zone ist, ihn aber nicht trifft
c) der Ball vor dem 1. bzw. 3. Base ins Foul territory geschlagen wird, solange der Batter noch keine zwei Strikes hat. Nach dem zweiten Strike zählt ein ins Foul territory geschlagener Ball nicht mehr als Strike, sondern als Foul ball
d) der Hitter nach dem Ball schlagen will und von ihm getroffen wird
e) der Batter von einem Ball getroffen wurde, der die Strike zone passiert hat
f) der Ball vom Schläger direkt in den Fanghandschuh des Catchers fliegt (Foul tip).

Strike out
Hat der Batter drei Strikes, so ist er out.

Strike zone
Die Strike zone ist ein gedachtes Rechteck, das der Pitcher beim Wurf treffen muß. Sie wird gebildet durch die Breite des Home plates und die Höhe zwischen Knie- und Achselhöhenhöhe des Batters.

Suspended game
Ein Spiel, das vom Chef-Schiedsrichter abgebrochen wurde und zu einem anderen Zeitpunkt beendet wird.
Switch hitter
Ein Hitter, der in der Lage ist, von beiden Seiten des Home plates zu schlagen.

Tagging the runner
Wird ein Runner zwischen zwei Bases von einem Fielder in Ballbesitz berührt, so nennt man dies »Tagging the Runner«. Oft wird diese Handlung auch nur als Tag oder Tagout bezeichnet.
Tagging up
Wenn ein Runner das Base berührt hält, während ein Fly ball gefangen wird und losläuft, sobald der Ball von einem Fielder gefangen wurde.
Take sign
Ein Signal für den Batter, den nächsten Pitch nicht zu schlagen.
Touch
Wenn ein Spieler oder Schiedsrichter vom Ball getroffen wird, liegt ein Touch vor.
Trapped ball
Ein Fly ball, der von einem Fielder zwar nicht gefangen, aber nach Bodenkontakt gestoppt wurde. Da ihn der Fielder nicht direkt aus der Luft gefangen hat, ist kein Runner out.
Triple
Ein Schlag, mit dem der Batter das dritte Base erreicht.
Tripleheader
Drei unmittelbar hintereinander ausgetragene Baseballspiele (siehe auch Doubleheader).
Triple play
Ein Spielzug, bei dem drei Runner out gemacht werden.
Umpire
Bezeichnung für den Schiedsrichter.

Umpire-in-chief
Der oberste Schiedsrichter, der allein über die schiedsrichterliche Entscheidungsgewalt verfügt.

Walk
Wirft der Pitcher vier Balls, so darf der Batter zum ersten Base. Diese Spielsituation wird auch Walk genannt (siehe auch Base on balls).
Wild pitch
Wenn der Pitcher die Strike zone so weit verfehlt, daß auch der Catcher den Ball nicht mehr fangen kann. Ein Wild pitch ist ein Fehler des Pitchers und hat möglicherweise das Vorrücken der Runner zur Folge.

Aufstellungsliste für Coaches und Manager

Line-Up

1. _____
2. _____
3. _____
4. _____
5. _____
6. _____
7. _____
8. _____
9. _____
10. _____
11. _____
12. _____
13. _____
14. _____
15. _____

Batting Order

_____
_____
_____
_____
_____
_____
_____
_____

Substitution

_____
_____
_____
_____
_____
_____
_____
_____

Hitting-Statistik

Name	AVG	AB	R	H	2B	3B	HR	RBI	BB	SO	SB

Pitching-Statistik

Name	IP	H	R	ER	BB	SO	HR	ERA

AVG = Batting Average
AB = At Bat
R = Runs
H = Hits [= Base Hit (BH)]
2B = 2 Bases
3B = 3 Bases
HR = Home Run
RBI = Run Batted In
BB = Base on Balls [= Walk]
SO = Strike Outs
SB = Stolen Bases
IP = Innings Pitched
ER = Earned Runs
ERA = Earned Runs Average

Danksagung

Wie immer, wenn ein Sachbuch entsteht, sind daran neben dem Autor noch eine Reihe anderer Persönlichkeiten beteiligt, die diesem mit Informationen, Ratschlägen, Korrekturen, Rat und Kritik zur Seite standen und denen der Autor für ihre Mühen Dank schuldet. In diesem Fall gilt der Dank in erster Linie meinem Onkel Dietmar P. S., der seit Jahrzehnten in den USA lebt und wesentlich zur Gründung unseres Baseball-Teams beigetragen hat. Von ihm erhielt ich meine erste Baseball-Ausrüstung sowie die ersten Grundkenntnisse der Regeln und Taktik. Ohne diese Unterstützung wäre der damals ohnehin beschwerliche Weg, eine Baseball-Mannschaft aufzubauen, noch beschwerlicher gewesen. Außerdem möchte ich meinen Eltern danken, die mir immer mit Rat und Tat zur Seite gestanden haben und auch einmal über eine erheblich höhere Telefonrechnung hinwegsahen. Ein weiteres Dankeschön gilt der Hertener Allgemeinen Zeitung, die für uns immer ein offenes Ohr hatte, sowie den folgenden Ratgebern und Helfern: Dr. Reinhold Hülsewiesche, Rainer Jähnke, Notar J. Marquardt, Herrn Droste.

Quellennachweis

Zur Erstellung dieses Buches dienten mir die folgenden Bücher als Nachschlagewerke:

Dell Bethel, Coaching winning Baseball. Contemporary Books Inc., Chicago 1979

Ted Williams and John Underwood, The science of Hitting. A Fireside Book. Simon & Schuster Inc., New York 1986

Louis Phillips and Arnie Markoe, Baseball Rules Illustrated. A Fireside Book. Simon & Schuster Inc., New York 1985

Yankees 1988 Yearbook, Yankees Magazine, New York 1988

The American Educator, Enzyclopedia. The United Educators Inc. Lake Bluff, Illinois

Jan-C. Dürolf, Bernhard Ehrlich, Sven Hillmer, Jan Kirchner, Baseball Magazin, Heft 1, 1. Jahrgang, Hamburg, Juni 1990

Homerun, Das offizielle Baseball- u. Softball-Magazin, Sonderheft März 1995, Meyer & Meyer Verlag Aachen.

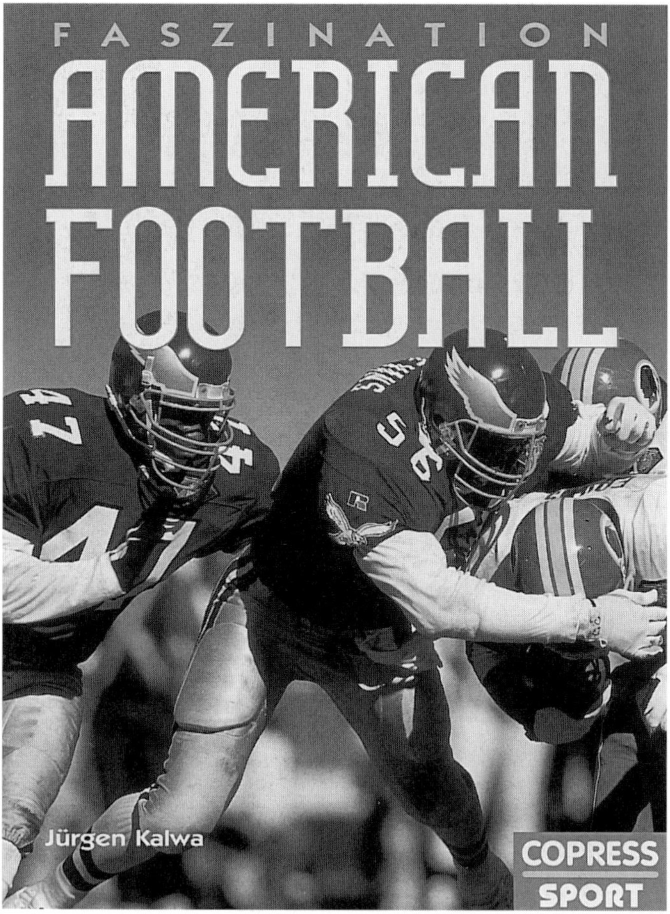

FASZINATION
AMERICAN
FOOTBALL

Jürgen Kalwa

COPRESS
SPORT

„Faszination American Football" ist ein Geschenkbildband
der Luxusklasse – attraktiv gestaltet, durchgehend farbig be-
bildert, aufwendig ausgestattet.
Neben einem historischen Überblick sind natürlich auch Informationen über den in den USA so beliebten College Football, die inzwischen 75 Jahre alte Profiliga NFL, die Top-
Mannschaften und Superstars des Football sowie die unver-
gessenen Spiele enthalten, dazu ein Blick auf die WLAF und
die Footballszene in Deutschland.

COPRESS
SPORT

Längst ist „American Football" kein Buch mit sieben Siegeln mehr: durch die immer ausführlichere Berichterstattung in den Medien gehört es schon zum Sportalltag. Die genauen Regeln jedoch sind immer noch nicht so geläufig wie z. B. die von Fußball oder Eishockey.

In diesem Band erfährt man nun alles über das Spiel, die Grundbegriffe, die Mannschaft, die Ausrüstung, die Taktik und alle weiteren wichtigen Belange dieser Sportart.

COPRESS SPORT

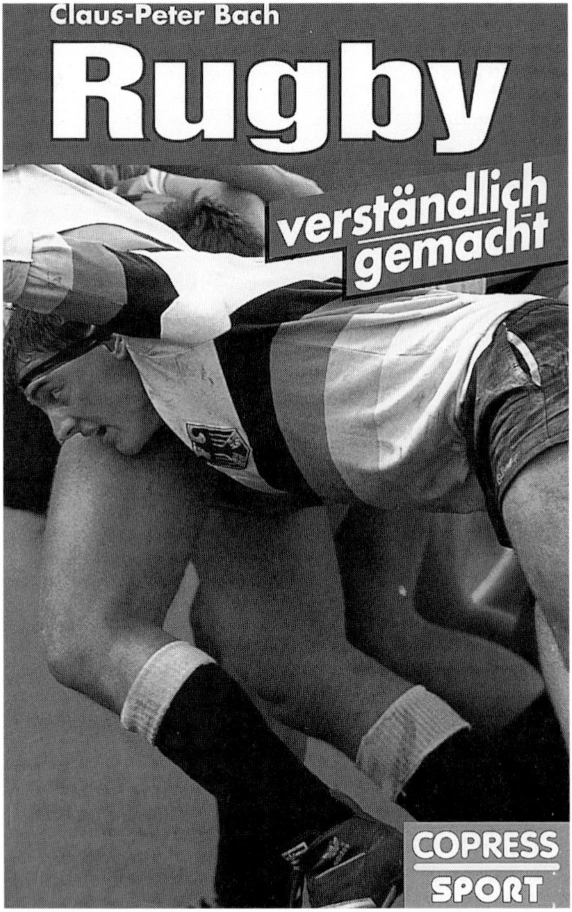
Claus-Peter Bach
Rugby
verständlich gemacht
COPRESS
SPORT

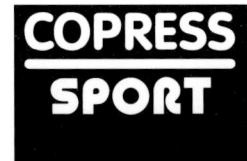

Rugby, der ur-englische Volkssport, dessen Geburtsstunde der „modernen" Spielweise ziemlich genau auf die zweite Jahreshälfte 1823 datiert werden kann, gewinnt in den letzten Jahren immer mehr Anhänger. Wurde der Rugby-World-Cup 1988 noch in rund 12 Länder via TV übertragen, waren es 1991 bereits 70 Länder.
In diesem Band erfährt man alles über das Spiel, die Grundbegriffe, die Mannschaft, die Ausrüstung, die Taktik und alle weiteren Belange dieser Sportart.

COPRESS
SPORT